국제토셀위원회

TOSEL
유형분석집

BASIC

Section I.
Listening & Speaking

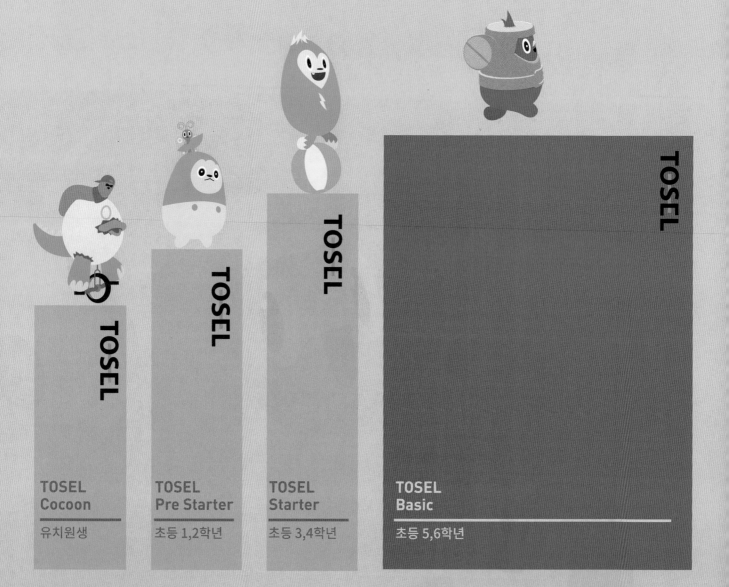

TOSEL
Cocoon

유치원생

TOSEL
Pre Starter

초등 1,2학년

TOSEL
Starter

초등 3,4학년

TOSEL
Basic

초등 5,6학년

TOSEL

TOSEL

TOSEL

TOSEL
Junior

중학생

TOSEL
High Junior

고등학생

TOSEL
Advanced

대학생, 직장인

About TOSEL®

TOSEL은 각급 학교 교과과정과 연령별 인지단계를 고려하여 단계별 난이도와 문항으로
영어 숙달 정도를 측정하는 영어 사용자 중심의 맞춤식 영어능력인증 시험제도입니다.
평가유형에 따른 개인별 장점과 단점을 파악하고, 개인별 영어학습 방향을 제시하는 성적분석자료를 제공하여
영어능력 종합검진 서비스를 제공함으로써 영어 사용자인 소비자와
영어능력 평가를 토대로 영어교육을 담당하는 교사 및 기관 인사관리자인 공급자를
모두 만족시키는 영어능력인증 평가입니다.

TOSEL은 인지적-학문적 언어 사용의 유창성 (Cognitive-Academic Language Proficiency, CALP)과
기본적-개인적 의사소통능력 (Basic Interpersonal Communication Skill, BICS)을
엄밀히 구분하여 수험자의 언어능력을 가장 친밀하게 평가하는 시험입니다.

대상	목적	용도
유아, 초, 중, 고등학생, 대학생 및 직장인 등 성인	한국인의 영어구사능력 증진과 비영어권 국가의 영어 사용자의 영어구사능력 증진	실질적인 영어구사능력 평가 + 입학전형 및 인재선발 등에 활용 및 직무역량별 인재 배치

연혁

2002.02	국제토셀위원회 창설 (수능출제위원역임 전국대학 영어전공교수진 중심)
2004.09	TOSEL 고려대학교 국제어학원 공동인증시험 실시
2006.04	EBS 한국교육방송공사 주관기관 참여
2006.05	민족사관고등학교 입학전형에 반영
2008.12	고려대학교 편입학시험 TOSEL 유형으로 대체
2009.01	서울시 공무원 근무평정에 TOSEL 점수 가산점 부여
2009.01	전국 대부분 외고, 자사고 입학전형에 TOSEL 반영 (한영외국어고등학교, 한일고등학교, 고양외국어고등학교, 과천외국어고등학교, 김포외국어고등학교, 명지외국어고등학교, 부산국제외국어고등학교, 부일외국어 고등학교, 성남외국어고등학교, 인천외국어고등학교, 전북외국어고등학교, 대전외국어고등학교, 청주외국어고등학교, 강원외국어고등학교, 전남외국어고등학교)
2009.12	청심국제중·고등학교 입학전형 TOSEL 반영
2009.12	한국외국어교육학회, 팬코리아영어교육학회, 한국음성학회, 한국응용언어학회 TOSEL 인증
2010.03	고려대학교, TOSEL 출제기관 및 공동 인증기관으로 참여
2010.07	경찰청 공무원 임용 TOSEL 성적 가산점 부여
2014.04	전국 200개 초등학교 단체 응시 실시
2017.03	중앙일보 주관기관 참여
2018.11	관공서, 대기업 등 100여 개 기관에서 TOSEL 반영
2019.06	미얀마 TOSEL 도입 발족식 베트남 TOSEL 도입 협약식
2019.11	고려대학교 편입학전형 반영
2020.04	국토교통부 국가자격시험 TOSEL 반영
2021.07	소방청 간부후보생 선발시험 TOSEL 반영

About **TOSEL** ® ———————

What's TOSEL?

"Test of Skills in the English Language"

**TOSEL은 비영어권 국가의 영어 사용자를 대상으로 영어구사능력을 측정하여
그 결과를 공식 인증하는 영어능력인증 시험제도입니다.**

영어 사용자 중심의 맞춤식 영어능력 인증 시험제도

맞춤식 평가

**획일적인 평가에서
세분화된 평가로의 전환**

TOSEL은 응시자의 연령별
인지단계에 따라 별도의 문항과 난이도를
적용하여 평가함으로써 평가의
목적과 용도에 적합한 평가 시스템을
구축하였습니다.

공정성과 신뢰성 확보

국제토셀위원회의 역할

TOSEL은 고려대학교가 출제 및 인증기관
으로 참여하였고 대학입학수학능력시험 출
제위원 교수들이
중심이 된 국제토셀위원회가 주관하여
사회적 공정성과 신뢰성을 확보한
평가 제도입니다.

수입대체 효과

외화유출 차단 및 국위선양

TOSEL은 해외시험응시로 인한 외화의
유출을 막는 수입대체의 효과를 기대할 수
있습니다. TOSEL의 문항과 시험제도는
비영어권 국가에 수출하여 국위선양에
기여하고 있습니다.

Why TOSEL® ——— 왜 토셀인가

01 학교 시험 폐지

일선 학교에서 중간, 기말고사 폐지로 인해 객관적인 영어 평가 제도의 부재가 우려됩니다. 그러나 전국단위로 연간 4번 시행되는 TOSEL 평가시험을 통해 학생들은 정확한 역량과 체계적인 학습방향을 꾸준히 진단받을 수 있습니다.

02 연령별/단계별 대비로 영어학습 점검

TOSEL은 응시자의 연령별 인지단계 및 영어 학습 단계에 따라 총 7단계로 구성되었습니다. 각 단계에 알맞은 문항유형과 난이도를 적용해 모든 연령 및 학습 과정에 맞추어 가장 효율적으로 영어실력을 평가할 수 있도록 개발된 영어시험입니다.

03 학교내신성적 향상

TOSEL은 학년별 교과과정과 연계하여 학교에서 배우는 내용을 학습하고 평가할 수 있도록 문항 및 주제를 구성하여 내신영어 향상을 위한 최적의 솔루션을 제공합니다.

04 수능대비 직결

유아, 초, 중등시절 어렵지 않고 즐겁게 학습해 온 영어이지만, 수능시험준비를 위해 접하는 영어의 문항 및 유형 난이도에 주춤하게 됩니다. 이를 대비하기 위해 TOSEL은 유아부터 성인까지 점진적인 학습을 통해 수능대비를 자연적으로 해나갈 수 있습니다.

05 진학과 취업에 대비한 필수 스펙관리

개인별 '학업성취기록부' 발급을 통해 영어학업성취이력을 꾸준히 기록한 영어학습 포트폴리오를 제공하여 영어학습 이력을 관리할 수 있습니다.

06 자기소개서에 토셀 기재

개별적인 진로 적성 Report를 제공하여 진로를 파악하고 자기소개서 작성시 적극적으로 활용할 수 있는 객관적인 자료를 제공합니다.

07 영어학습 동기부여

시험실시 후 응시자 모두에게 수여되는 인증서는 영어학습에 대한 자신감과 성취감을 고취시키고 동기를 부여합니다.

08 AI 분석 영어학습 솔루션

국내외 15,000여개 학교/학원 단체 응시 인원 중 엄선한 100만명 이상의 실제 TOSEL 성적 데이터를 기반으로 영어인증시험 제도 중 세계 최초로 인공지능이 분석한 개인별 AI 정밀진단 성적표를 제공합니다. 최첨단 AI 정밀 진단 성적표는 최적의 영어학습 솔루션을 제시하여 영어 학습에 소요되는 시간과 노력을 획기적으로 절감해 줍니다.

09 명예의 전당, 우수협력기관 지정

우수교육기관은 'TOSEL 우수 협력 기관'에 지정되고, 각 시/도별, 최고득점자를 명예의 전당에 등재합니다.

Evaluation ——————— 평가

평가의 기본원칙
TOSEL은 PBT(PAPER BASED TEST)를 통하여 간접평가와 직접평가를 모두 시행합니다.

TOSEL은 언어의 네 가지 요소인 **읽기, 듣기, 말하기, 쓰기 영역을 모두 평가합니다.**

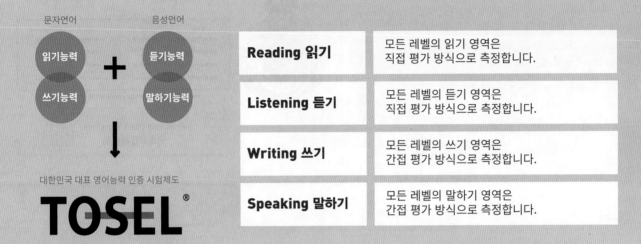

문자언어
읽기능력
쓰기능력

음성언어
듣기능력
말하기능력

대한민국 대표 영어능력 인증 시험제도
TOSEL®

Reading 읽기	모든 레벨의 읽기 영역은 직접 평가 방식으로 측정합니다.
Listening 듣기	모든 레벨의 듣기 영역은 직접 평가 방식으로 측정합니다.
Writing 쓰기	모든 레벨의 쓰기 영역은 간접 평가 방식으로 측정합니다.
Speaking 말하기	모든 레벨의 말하기 영역은 간접 평가 방식으로 측정합니다.

TOSEL은 연령별 인지단계를 고려하여 **아래와 같이 7단계로 나누어 평가합니다.**

1 단계	**TOSEL**® COCOON	**5~7세의 미취학 아동**
2 단계	**TOSEL**® Pre-STARTER	**초등학교 1~2학년**
3 단계	**TOSEL**® STARTER	**초등학교 3~4학년**
4 단계	**TOSEL**® BASIC	**초등학교 5~6학년**
5 단계	**TOSEL**® JUNIOR	**중학생**
6 단계	**TOSEL**® HIGH JUNIOR	**고등학생**
7 단계	**TOSEL**® ADVANCED	**대학생 및 성인**

Grade Report ——————— 성적표 및 인증서

'학업성취기록부'에 토셀 인증등급 기재

개인별 '학업성취기록부' 평생 발급
진학과 취업을 대비한 **필수 스펙관리**

영어능력 학업성취기록부

Name in full : **나토셀**

Date of birth : **2000-03-09**

응시회차	날짜	응시레벨	인증취득사항
토셀 제 53회 정기시험	2016-08-20	HIGH JUNIOR	1등급
토셀 제 46회 정기시험	2015-02-28	JUNIOR	1등급
토셀 제 43회 정기시험	2014-06-28	JUNIOR	3등급
토셀 제 39회 정기시험	2013-08-24	BASIC	3등급

국제토셀위원회는 나토셀(NAH TO SEL) 학생의 학업성취기록을 상기와 같이 인증합니다.

International TOSEL Committee
국제토셀위원회

국제토셀위원회 직인이 날인되지 않은 인증서는 공인 인증서로의 효력이 없으며, 인증유효기간은 응시일로부터 2년입니다.

명예의 전당(트로피&상패)

명예의 전당 등재자를 위한 명예의 상품입니다. (별도 구매)

'토셀 명예의 전당' 등재

특별시, 광역시, 도 별 **1등 선발**
(7개시 9개도 **1등 선발**)

*홈페이지 로그인 - 시험결과 - 명예의 전당에서
해당자 등재 증명서 출력 가능

명예의 전당 홈페이지

홈페이지에서 각 시,도 별 명예의 전당 등재자
를 확인하실 수 있습니다.

명예의 전당(증명서)

명예의 전당 등재자를 위한 등재 증명서입니다.
(홈페이지 무료 출력 가능, 액자 포함 유료구매)

AI 정밀진단 성적표

**십 수년간 전국단위 정기시험으로 축적된 빅데이터를
교육공학적으로 분석 · 활용하여 산출한 개인별 성적자료**

- 정확한 영어능력진단
- 응시지역, 동일학년, 전국에서의 학생의 위치
- 섹션별 · 파트별 영어능력 및 균형 진단
- 명예의 전당 등재 여부
- 온라인 최적화된 개인별 상세 성적자료를 위한 QR코드

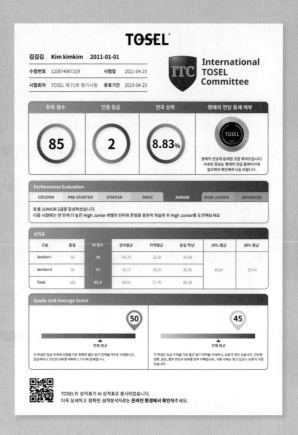

인증서

대한민국 초,중,고등학생의 영어숙달능력 평가 결과 공식인증

고려대학교 인증획득 (2010. 03)   팬코리아영어교육학회 인증획득 (2009. 10)   한국응용언어학회 인증획득 (2009. 11)

한국외국어교육학회 인증획득 (2009. 12)   한국음성학회 인증획득 (2009. 12)

Grade Report ——————— 성적표 및 인증서

단체 및 기관 응시자 통계 분석 자료

십 수년간 전국단위 정기시험으로 **축적된 빅데이터를 교육공학적으로 분석 · 활용**하여 산출한 응시자 통계 분석 자료

정확한 영어능력진단 / 응시지역, 동일학년, 전국에서의 학생의 위치 / 섹션별 · 파트별 영어능력 및 균형 진단 /
명예의 전당 등재 여부 / 온라인 최적화된 개인별 상세 성적자료를 위한 QR코드

"성적표로 나의 약점을 파악하고, 유형분석집으로 보완해요!"

성적표 연계 유형분석집 200% 활용 팁

TOSEL은 1년에 4회 전국적으로 치뤄지는 정기시험을 통해 전국 15,000여개 교육기관의 실제 토셀 성적 데이터를 기반으로 국제토셀위원회, 고려대학교 언어정보연구소, 한국데이터산업진흥원, 과학기술정보통신부와 정보통신산업진흥원이 지원하는 빅데이터 및 AI 지원사업을 통해 개발한 AI 정밀 진단 성적표를 제공하고 있습니다. AI 정밀 진단 성적표의 시험 성적 결과뿐만 아니라 응시자에게 학습 방향을 제시하는 맞춤형 분석 결과를 통해 유형 분석집을 200% 활용할 수 있는 방법을 소개합니다.

> **상위권 도약**을 원하는 학생들을 위한 **자주 틀리는 유형의 소개 및 문제 풀이 전략**과 **공부방법**을 제시

> **최상위권 도약**을 원하는 학생들을 위해 **해당 시험에서 출제되지 않은 유형 소개**

유형분석집을 통해 부족한 유형들을 집중적으로 공부

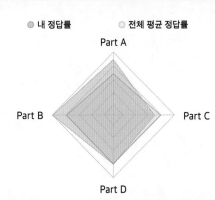

● 내 정답률   ● 전체 평균 정답률

Part A

Part B   Part C

Part D

PART A. Listen and Recognize
한 문장을 듣고
주어진 보기 중 **내용에 맞는 그림**을 고르는 유형입니다.

PART B. Listen and Respond
한 문장을 듣고 이에 어울리는 답변을 찾는 문제입니다.
상대방의 **의도를 파악**하여 **알맞은 응답**을 하는 유형입니다.

PART C. Listen and Retell
대화를 듣고 **내용에 맞는 그림**을 고르거나
이야기/일상문/공지문 등을 듣고 **알맞은 답변**을 찾는 유형입니다.

PART D. Listen and Speak
대화를 듣고 상황과 맥락에 **알맞은 대답**을 하거나
마지막 말 뒤에 이어지는 가장 **알맞은 문장**을 고르는 유형입니다.

About this book

책 구조 한 눈에 보기

본 교재는 최근의 TOSEL 시험을 구성별로 차례차례 소개하는 **지침서**이며,
학습자들이 시험 유형을 **부담 없이** 숙지하고 습득하도록 교재를 다음과 같이 깔끔하게 구성했습니다.

Study Plan

4주 Plan 단기 집중 공략
8주 Plan 기초부터 실전까지 단계
별로 정복

Overview

각 파트 시험 소개 및
학습 전략

Voca

해당 유형의
주요 단어 소개

Example

실전보다 약간 쉽거나
축약된 형태의 문제로
TOSEL 시험 맛보기

Pattern Practice

실전보다 약간 쉽거나
축약된 형태의 문제로
TOSEL 시험 맛보기

Practice Test

실제 시험과 동일한 형태와 수준의
문제로 실전 연습하기

Appendix

TOSEL 시험에 나오는
어휘, 표현 정리

정답과 해설

practice test 속 문제 단어와
문제의 포인트를 잡는 명쾌한 해설

About this book

유형 분류 기준

국내외 15,000여개 학교/학원 단체 응시 인원 중 엄선한 100만명 이상의 실제 TOSEL 성적 데이터를 기반으로 속성 분석 프로그램을 이용하여, 문제 유형을 분류한 것을 바탕으로 집필되었습니다.

01 파트별 유형 설명

TOSEL Basic 시험의 듣기와 말하기 Section은 **총 4개의 유형**으로 나뉘어 있습니다.
각 파트별 단원이 시작하기 전에 각각 어떤 문항이 출제되는지, 어떤 종류의 유형이 있는지,
총 몇 개의 문항으로 구성되는지 등 파트별 유형 설명을 한눈에 알아보기 쉽게 정리하였습니다.

02 파트별 학습 전략

각 파트는 세부 유형으로 나누어 학습합니다. 본격적인 유형 학습에 들어가기에 앞서 **각 파트별 알짜 학습 전략**을 친절하게 알려줍니다. 문항을 풀 때 **문항 접근 방식 및 풀이 전략, 유형별 학습 방법** 등 학습 전략을 참고하여 심도 있고 수준 높은 영어 학습을 하기 바랍니다.

03 유형별 핵심 단어

수월하게 문제를 풀고 이해할 수 있도록 각 파트 시작 전, **핵심 단어를 제시**했습니다.
본격적인 학습을 하기전에 단어를 암기하기 바랍니다.

About this book

04

3단계 유형 학습

각 파트는 **세부 유형**으로 구분됩니다. 각 유형 학습은 세 단계로 나누어 학습하도록 구성하였습니다.
1단계부터 3단계까지 차근차근 학습하다 보면 자연스레 유형을 습득할 수 있도록 구성하였습니다. 세 단계는 다음과 같습니다.

Step 1. Example

유형을 처음 익히는 단계이며, 유형마다 대표 예제가 한 문제씩 제시됩니다. 학습자는 대표 예제를 해석, 풀이, 어휘와 함께 보면서 해당 유형의 문제 형태를 익힐 수 있습니다.

Step2. Pattern Practice

유형과 친해지는 중간 단계이며, 각 유형마다 두 문항 정도가 출제됩니다.
본격적으로 학생들이 스스로 문제를 풀고, 문항 바로 다음에 해석과 해설을 꼼꼼히 수록하여 바로 정답을 확인할 수 있도록 하였습니다.
Step1 에서 제시한 예제와 같은 패턴의 문제를 연습 하는 것이 주목적입니다.

Step3. Practice Test

유형을 완벽히 습득하는 마지막 단계이며, 각 유형마다 네 문항이 수록됩니다.
해석과 해설은 본문이 아닌, 별책인 정답 및 해설지에 따로 제공됩니다.
학생들이 스스로 실제 문항을 풀어 보며 유형을 완전히 숙지하는 단계입니다.

About this book

05 **Appendix**

Appendix에는 유형분석집에서 제시하고 있는 모든 단어를 알파벳 순으로 정리하여 제시하고 있습니다.

Appendix

단어들을 쉽게 찾고 공부할 수 있도록
유형분석집에 제시된 단어들을 알파벳 순으로 정리하여
제공하고 있습니다.

06 **Answer**

각 유형 Practice Test 단계에서 출제된 **문항의 해석과 해설이 수록**되어 있어 문제 풀이 후 자신의 학습 결과를 확인하고 복습할 수 있습니다.

Answer

학생들이 스스로 문항을 풀어보는
Practice Test 단계의 문제 풀이 후 오답 여부를 확인할 수 있도록
문항에 대한 해석과 해설이 수록되어 있습니다.

Weekly Study Plan

4-WEEK Plan 단기간 안에 점수가 필요한 학습자를 위한 플랜

	Day 1	Day 2	Day 3	Day 4	Day 5
Week 1	Part A: 1 월 일	Part A: 2 월 일	Part A: 3 월 일	Part A: 4 월 일	Part B: 1 월 일
Week 2	Part B: 2 월 일	Part B: 3 월 일	Part B: 4 월 일	Part B: 5 월 일	Part C-1: 1 월 일
Week 3	Part C-1: 2 월 일	Part C-2: 1 월 일	Part C-2: 2 월 일	Part C-2: 3 월 일	Part C-3: 1 월 일
Week 4	Part C-3: 2 월 일	Part C-3: 3 월 일	Part C-3: 4 월 일	Part D: 1 월 일	Part D: 2 월 일

Weekly Study Plan

8-WEEK Plan 기초부터 실전까지 차근차근 정복하여 TOSEL 점수를 내고 싶은 학습자를 위한 플랜

	Day 1	Day 2	Day 3	Day 4	Day 5
Week 1	Part A: 1 월 일	Part A: 1 월 일	Part A: 2 월 일	Part A: 2 월 일	Part A: 3 월 일
Week 2	Part A: 3 월 일	Part A: 4 월 일	Part A: 4 월 일	Part B: 1 월 일	Part B: 1 월 일
Week 3	Part B: 2 월 일	Part B: 2 월 일	Part B: 3 월 일	Part B: 3 월 일	Part B: 4 월 일
Week 4	Part B: 4 월 일	Part B: 5 월 일	Part B: 5 월 일	Part C-1: 1 월 일	Part C-1: 1 월 일
Week 5	Part C-1: 2 월 일	Part C-1: 2 월 일	Part C-2: 1 월 일	Part C-2: 1 월 일	Part C-2: 2 월 일
Week 6	Part C-2: 2 월 일	Part C-2: 3 월 일	Part C-2: 3 월 일	Part C-3: 1 월 일	Part C-3:1 월 일
Week 7	Part C-3: 2 월 일	Part C-3: 2 월 일	Part C-3: 3 월 일	Part C-3: 3 월 일	Part C-3: 4 월 일
Week 8	Part C-3: 4 월 일	Part D: 1 월 일	Part D: 1 월 일	Part D: 2 월 일	Part D: 2 월 일

Table of Contents

Intro

Section I. Listening & Speaking

Part Ⓐ Listen and Recognize

Part A 유형설명

유형	세부 내용	문항 수
문장에 알맞은 그림 고르기	**1.** 사물/동물	각 유형이 골고루 출제됨
	2. 인물/동작/직업	
	3. 장소/위치	
	4. 날씨/시간/숫자/금액	
총 4개 유형		**총 5문항**

DIRECTION

1. 1-5번까지 총 5문항으로 구성됩니다.

2. 하나의 문장을 듣고, 주어진 4개의 그림 중 듣기 내용과 관련 있는 그림을 고르는 문항입니다.

3. 문제는 두 번씩 들려주며, 시험지에는 4개의 그림만 주어집니다.

Part Ⓐ 는 이렇게 준비하자!

❶ 주어진 4개의 그림을 미리 살펴본다

Part A에서는 4개의 그림이 시험지에 주어지기 때문에 미리 그림을 본다면 어떤 내용이 나올지 짐작할 수 있다. 주로 사물의 이름, 인물이나 동물의 동작, 인물의 직업, 장소 혹은 위치가 어디인지 그 밖에도 날씨, 시간, 가격 등 각 그림에서 가장 두드러지는 특징을 미리 파악하는 것이 도움이 된다.

❷ 중요한 핵심어(Keyword)를 잘 듣도록 하자

"Our family loves to go fishing. (우리 가족은 낚시하러 가는 걸 좋아해.)"라는 문장에서 어떤 부분이 문장의 핵심 정보를 담고 있는가? 'our', 'to go'보다는 'family', 'loves', 'go fishing'일 것이다. 이 핵심 정보는 우리가 반드시 들어야 하는 정보를 알려준다. 즉, 가족이 낚시하러 가는 모습이 담긴 그림을 고르면 된다. 이처럼 핵심어를 빠르고 정확하게 파악하는 능력은 Listening and Speaking Section 전반에 걸쳐 중요한 능력이기도 하다.

VOCABULARY

n	**cabinet**	보관함
n	**sink**	싱크대
n	**trash**	쓰레기
n	**wheel**	바퀴
v	**travel**	여행하다
v	**wake up**	일어나다
n	**plane**	비행기
n	**subway**	지하철

n	**train**	기차
n	**cough**	기침
n	**fever**	열
n	**sore throat**	목앓이
prep	**behind**	~ 뒤에
prep	**between**	~ 사이에
prep	**in front of**	~ 앞에
prep	**inside**	~ 안에

유형 1
사물 / 동물

사물이나 동물의 상태나 동작에 관한 문장을 듣고 알맞게 표현한 그림을 고르는 유형이다.

사물과 동물과 관련한 단어를 알아두는 것이 가장 중요하며, '사물과 숫자' 또는 '동물과 색' 등 두 요소를 함께 물어보는 문제가 출제되기도 하니 주의깊게 꼼꼼히 듣자.

• 사물/동물을 표현하는 영어단어

☐	trash	쓰레기	☐	animal shelter	동물 보호소
☐	recycle	재활용하다	☐	cage	우리, 새장
☐	plastic	플라스틱	☐	feed	먹이를 주다
☐	metal	금속	☐	fur	모피
☐	glass	유리	☐	livestock	가축
☐	transportation	교통수단	☐	pet	반려동물
☐	furniture	가구	☐	veterinarian	수의사
☐	electronics	전자제품	☐	wild	야생의

✎ Step 1. Example

🎧 Track A-01

Q

🎧 Boy: Today is cleaning day. Let me take out the plastic first.

(A)

(B)

(C)

(D)

해석 🎧 소년: 오늘은 청소의 날이에요. 저 플라스틱 쓰레기를 먼저 갖다 버려야겠어요.

풀이   정답 (A)

선택지 속 그림은 모두 쓰레기통에 무언가 가득 차 있는 모습이다. 'Plastic'이라는 단어를 알아듣는 것이 가장 중요하다. (A)가 플라스틱 수거함임을 쓰레기 종류와 표기를 통해 알 수 있다. 따라서 정답은 (A)이다.

Aa 어휘

phr	**cleaning day** 청소의 날	v	**take out** 데리고[가지고] 나가다, 꺼내다
n	**plastic** 플라스틱	n	**trash** 쓰레기

함께 알아두면 좋을 표현

＊ take out

'take out ~'은 '~을 가지고 나가다', '꺼내다' 등의 의미를 가지고 있다. 'trash'라는 단어와 함께 사용하는 경우 '쓰레기를 버리다'라는 뜻이다.

Q

🎧 Girl: My hamster won't stop running on the wheel. I'm worried.

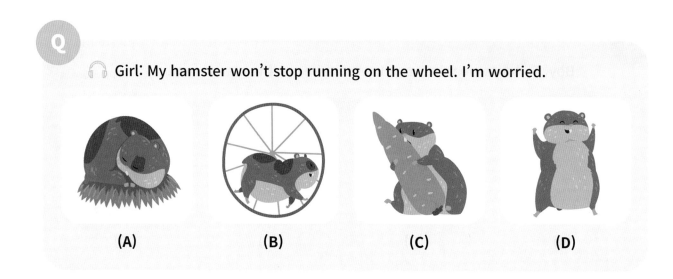

(A)   (B)   (C)   (D)

🔍 해석   🎧 소녀: 내 햄스터가 바퀴에서 도는 걸 멈추지 않아. 나는 걱정 돼.

💬 풀이   정답 (B)

선택지 속 그림은 각각 다른 행동을 하는 햄스터를 보여준다. 그림 (B)에서 햄스터가 쳇바퀴를 돌고 있으므로 'wheel'이라는 사물을 알아듣는 것이 중요하다. 따라서 정답은 (B)이다.

Aa 어휘   n **hamster** 햄스터   v **stop** 멈추다   n **wheel** 바퀴

adj **worried** 걱정되는

함께 알아두면 좋을 표현

* won't stop

'won't stop ~'은 '~하는 걸 멈추지 않다'라는 의미로 어떤 행위를 멈추지 않고 지속적으로 할 때 사용할 수 있는 표현이다.

ex   My brother won't stop bothering me.   내 남동생/오빠는 나를 괴롭히는 걸 멈추지 않아.

🎧 Track A-03

Q

🎧 Boy: I'm going to New York City by plane.

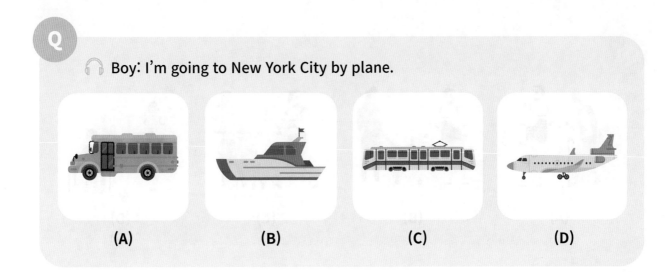

(A)　　　(B)　　　(C)　　　(D)

🔍 **해석**　🎧 소년: 나는 비행기를 타고 뉴욕시에 갈거야.

💬 **풀이**　정답 (D)

선택지 속 그림은 모두 교통수단을 보여준다. 'Plane'이라는 단어를 알아듣는 것이 중요하다. 그림 (D)에서 비행기가 나왔다. 따라서 정답은 (D)이다.

Aa 어휘　　n **New York City** 뉴욕시　　n **plane** 비행기

함께 알아두면 좋을 표현

＊ by+(교통수단)

'by+(교통수단)'은 '~(교통수단)으로 간다'는 뜻이다. 다양하게 활용할 수 있으니 익혀두자.

ex 　by plane ∣ by bus ∣ by train ∣ by subway ∣ by boat ∣ by foot

Q1

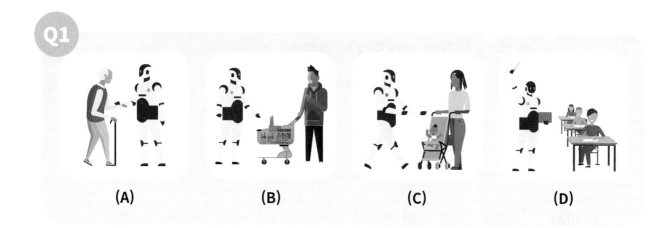

(A)   (B)   (C)   (D)

Q2

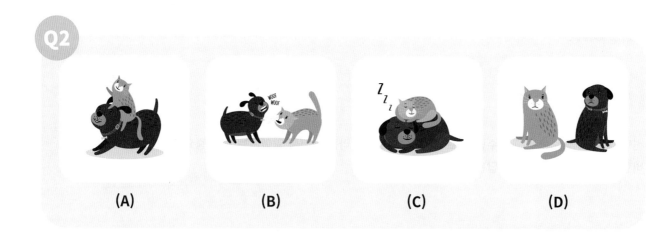

(A)   (B)   (C)   (D)

토셀쌤의 문제 풀이 Tip!

이 유형에서는 사물이나 동물을 묘사하는 문장들이 나오기 때문에 동작, 표정,
행동에 관한 표현을 알아두는 것이 좋다.

Q3

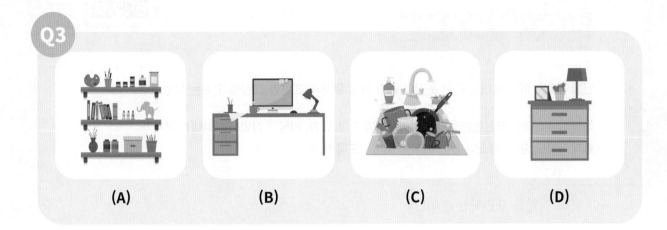

(A)　　　　　(B)　　　　　(C)　　　　　(D)

Q4

(A)　　　　　(B)　　　　　(C)　　　　　(D)

함께 알아두면 좋을 표현

＊ 일상속의 가구

가구와 관련한 문항이 나오기도 한다. 일상생활에서 쓰는 가구의 명칭을 익혀두도록 하자.

ex　desk 책상 ｜ sink 싱크대 ｜ cabinet 보관함 ｜ sofa 소파 ｜ bed 침대 ｜ table 식탁

유형 2
인물 / 동작 / 직업

인물의 동작이나 상태에 관한 문장을 듣고 가장 알맞게 표현한 그림을 고르는 유형이다.

동작이나 상태를 표현하는 동사를 알아두어야 한다. 또한, 인물의 직업을 나타내는 문제가 출제되기도 한다. 평소에 관련 어휘를 익혀두도록 하자.

• 동작/직업을 표현하는 영어단어

☐ clap	손벽을 치다	☐ accountant	회계사
☐ dig	파다	☐ astronaut	우주 비행사
☐ laugh	웃다	☐ cashier	출납원, 점원
☐ sleep	자다	☐ delivery man	상품배달원
☐ stand up	일어서다	☐ lawyer	변호사
☐ throw away	버리다	☐ pharmacist	약사
☐ turn off	끄다	☐ plumber	배관공
☐ turn on	켜다	☐ receptionist	접수담당자

 Track A-05

Q

🎧 Boy: I'm studying hard for the exam tomorrow.

(A)

(B)

(C)

(D)

📖 해석   🎧   소년: 나는 내일 시험을 위해 열심히 공부하고 있어.

💬 풀이   정답 (D)

그림 속 소년의 동작을 잘 표현한 동사를 잘 들어야 한다. 동작 표현인 'studying'을 반드시 들어야 하며, 만약 이를 놓쳤다면 'exam'(시험)이라는 단어에서 힌트를 얻을 수도 있다. 따라서 정답은 (D)이다.

Aa 어휘   v **study** 공부하다   adv **hard** 열심히   adv **tomorrow** 내일
   n **exam** 시험

함께 알아두면 좋을 표현

* hard

'hard'는 형용사와 부사로 모두 쓰이며 뜻도 다양하다. 단단한, 굳은, (이해하기)어려운, (경제적으로) 곤란한, (육체적/정신적으로)힘든, 냉정한, 매서운 등 문맥에 따라 의미가 달라지니 외워두도록 하자.

ex   I bumped my head on that hard rock.   나는 저 단단한 돌에 머리를 부딪혔다.

Q

🎧 Girl: My uncle is a tour guide. He travels a lot.

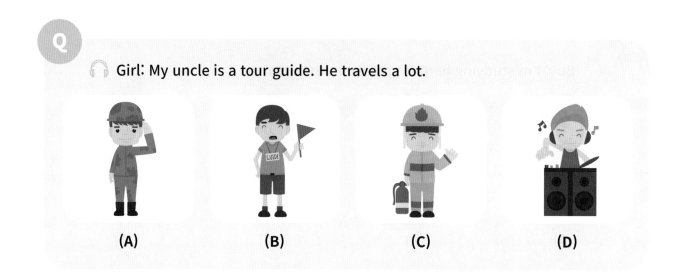

(A) (B) (C) (D)

🔍 **해석**   🎧 소녀: 우리 삼촌은 여행 가이드이시다. 그는 여행을 많이 하신다.

💬 **풀이**   정답 (B)

그림 속 인물의 모습은 각각 다른 직업을 나타내고 있다. 'Travel'과 'tour guide'라는 단어가 나왔다. 따라서 정답은 (B)이다.

Aa **어휘**   n **uncle** 삼촌   n **tour guide** 여행 가이드   v **travel** 여행하다

함께 알아두면 좋을 표현

＊ 직업과 관련된 동사

직업을 묘사하거나 하는 일을 말할 때 사용하는 동사들이 있다.

ex firefighter 소방관 - put out (불을) 끄다 | doctor 의사 - take care of ~을 돌보다

🎧 Track A-07

🎧 Boy: Mason is doing the dishes.

(A) (B) (C) (D)

🔍 해석   🎧   소년: Mason은 설거지를 하고 있다.

💬 풀이   정답 (A)

그림 속 인물은 각각 다른 종류의 집안일을 하고 있다. 동작을 표현한 동사를 잘 들어야 한다. 'doing the dishes'라고 하며 '설거지를 한다'고 말했다. 따라서 정답은 (A)이다.

Aa 어휘   phr   **do the dishes**   설거지를 하다

함께 알아두면 좋을 표현

＊ 집안일과 관련된 표현

chore(집안일)과 관련된 표현들이 등장하는 질문들이 있다. 관련 표현들을 알아두도록 하자.

ex   wash the dishes 설거지 하다 | take out the trash 쓰레기를 버리다 | make the bed 침대 정리를 하다
vacuum the floor 청소기를 돌리다 | clean the window 창문을 닦다 | do the washing 빨래를 하다

Q1

(A)   (B)   (C)   (D)

Q2

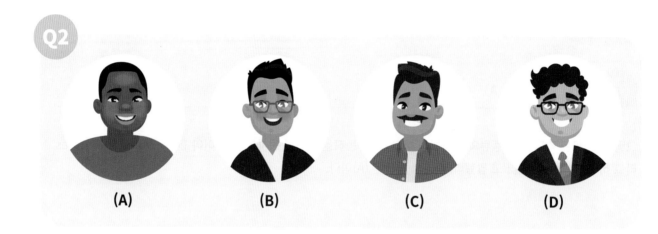

(A)   (B)   (C)   (D)

토셀쌤의 문제 풀이 Tip!

직업과 관련한 사람, 사물, 장소, 동작 등이 등장할 수 있으므로 직업과 그 **직업에 대한 설명을 알아두는 것**이 좋다. 어휘를 영영사전에서 찾는다면 관련 표현들이 예문으로 나오니 참고하여 익히도록 하자.

Q3

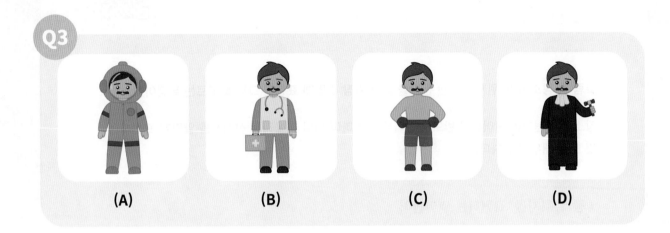

(A)   (B)   (C)   (D)

Q4

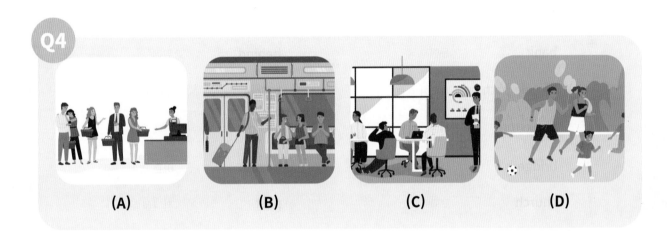

(A)   (B)   (C)   (D)

함께 알아두면 좋을 표현

＊ stand in line

'Stand in line'은 '일렬로 서 있다'라는 의미로 무언가를 기다리면서 줄을 설 때 사용하는 표현이다.

ex   They are standing in line to purchase a new TV. 그들은 새로운 TV를 구매하기 위해 줄을 서 있다.
      She is standing in line for the bathroom.   그녀는 화장실을 가기 위해 줄을 서있다.

유형 3

그림 속 장소 또는 위치에 관한 문장을 듣고 가장 알맞게 표현한 그림을 고르는 유형이다.

장소를 표현하는 단어들을 반드시 알아두어야 하며 이와 어울리는 전치사를 알맞게 표현하는 것 또한 매우 중요하다.

● 장소/위치를 표현하는 영어단어

☐ amusement park	놀이공원	☐ across	가로질러
☐ bakery	빵집	☐ among	둘러싸인, 가운데에
☐ bank	은행	☐ behind	뒤에
☐ bicycle path	자전거 도로	☐ below	아래에
☐ bookstore	서점	☐ beside	옆에
☐ bridge	다리	☐ next to	바로 옆에
☐ church	교회	☐ past	지나서
☐ crosswalk	횡단보도	☐ through	사이로

Track A-09

Q

🎧 **Girl**: It was my first time going to an amusement park.

(A)

(B)

(C)

(D)

🔎 **해석**   🎧 소녀: 그것은 내가 처음으로 놀이공원에 간 것이었어.

💬 **풀이**   정답 (C)

그림 속 장소는 각각 다르므로 장소에 집중해서 들을 필요가 있다. 'amusement park'는 놀이 공원이므로 정답은 (C)이다. (A)는 동물들이 있는 곳으로 'zoo'(동물원)이고 (B)는 'park'(공원), (D)는 'slope'(스키장, 언덕, 경사)이므로 오답이다.

Aa **어휘**   adv **first** 처음(으로)   n **amusement park** 놀이공원

함께 알아두면 좋을 표현

∗ **first time ~ing**

'first time~ing'은 '~를 처음 해본다'라는 의미로 어떤 행동을 처음 할 때 사용하는 표현이다.

ex   This is my first time riding a bike.   나는 자전거를 처음 타봐!
This is his first time getting a perfect score on an exam!   그는 처음으로 시험에서 만점을 받았어!

Q

🎧 Boy: There is a bank between the candy shop and the coffee shop.

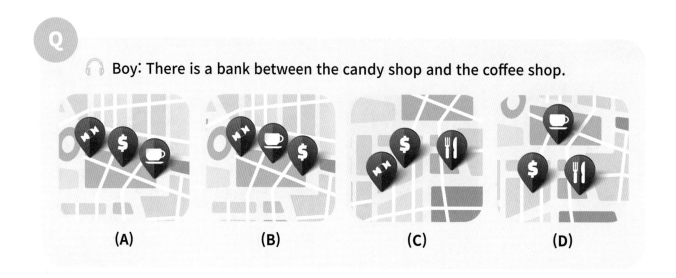

(A) (B) (C) (D)

📖 **해석** 🎧 소년: 사탕 가게와 커피숍 사이에 은행이 있어.

💬 **풀이** 정답 (A)

지도에서 보여주는 건물과 가게의 위치가 서로 다르다. 은행이 사탕 가게와 커피숍 사이에 있다고 했으므로
정답은 (A)이다.

Aa **어휘** | prep | **between** ~사이에 | n | **coffee shop** 커피숍 | n | **candy shop** 사탕 가게 |
| n | **bank** 은행

함께 알아두면 좋을 표현

✳ **위치를 나타내는 전치사**

위치를 나타낼 때 전치사를 사용한다. 상황과 문맥에 알맞은 전치사를 익혀두자.

ex between ~사이에 | on ~위에 | behind ~뒤에 | in front of ~앞에 | inside ~안에

🎧 Track A-11

Q

🎧 Girl: I saw a doctor because I had a fever.

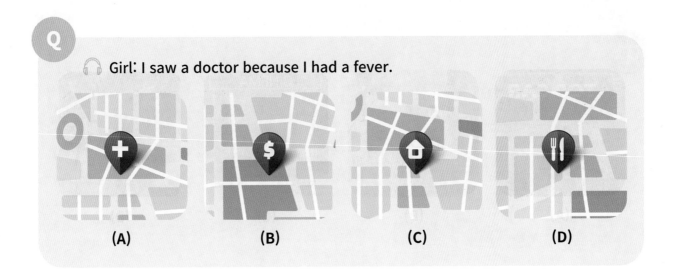

(A)   (B)   (C)   (D)

📖 **해석**

🎧 소녀: 나는 열이 나서 의사 선생님을 만났다.

💬 **풀이**   정답 (A)

지도에서 나타내는 장소는 각각 다르므로 장소에 집중해서 들을 필요가 있다. 듣기에서 'doctor'를 언급했으므로 장소는 병원을 나타낸다. 정답은 (A)이다.

Aa 어휘   n **doctor** 의사 선생님   n **fever** 열

함께 알아두면 좋을 표현

＊ 건강/질병과 관련된 단어

건강이나 질병을 표현하는 어휘들을 평소에 알아두자. 증상을 표현할 때는 동사 has/have를 사용한다.

ex fever 열 | sneeze 재채기 | cough 기침 | sore throat 인두염 | headache 두통

Q1

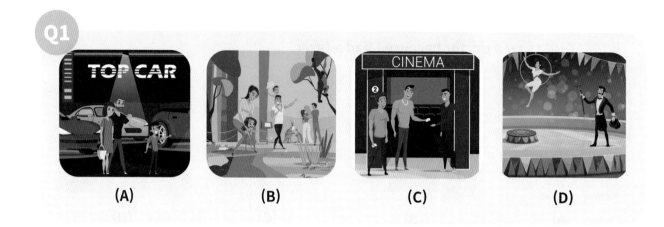

(A)　　　　(B)　　　　(C)　　　　(D)

Q2

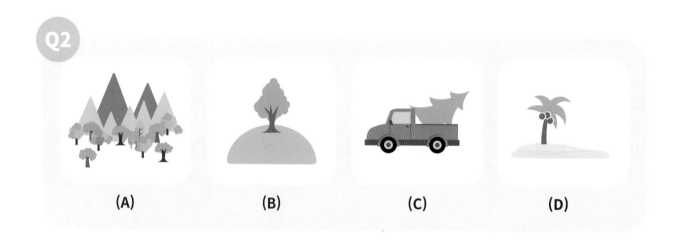

(A)　　　　(B)　　　　(C)　　　　(D)

토셀쌤의 문제 풀이 Tip!

실생활에서 자주 이용하는 시설과 관련된 단어를 미리 학습해두는 것이 중요하다. 가끔 문제에 그림 속 장소가 명확하게 나오지 않는 경우도 있으니 힌트를 발견해 최대한 비슷한 그림을 선택하는 것이 중요하다.

Q3

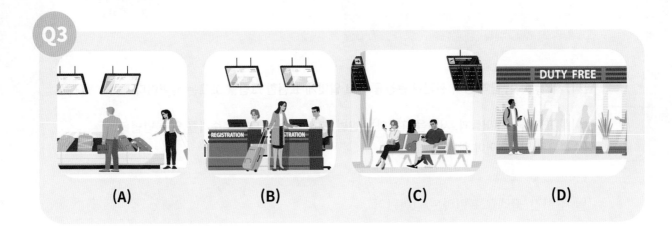

(A)   (B)   (C)   (D)

Q4

(A)   (B)   (C)   (D)

함께 알아두면 좋을 표현

✳ 공항과 관련된 단어

공항과 관련된 장소들이 등장하는 질문들이 있으므로 공항 내부의 명칭을 알아두자.

ex baggage claim area 짐 찾는 곳 | boarding area 탑승 구역 | duty free shop 면세점

유형 4
날씨 / 날짜 / 시간 / 수

날씨, 시간, 숫자, 금액 등과 관련된 문장을 듣고 알맞게 표현한 그림을 고르는 유형이다.

날씨를 표현하는 단어들과, 시간을 표현하는 방법, 그리고 여러 자리의 숫자를 읽는 방법을 필수적으로 알아두어야 한다.

• 날씨/시간/금액을 표현하는 영어단어

☐ chilly	쌀쌀한		☐ dawn	동이 틀 무렵
☐ rainy	비가 오는		☐ dusk	황혼, 땅거미
☐ cloudy	흐린		☐ sunset	해질녘
☐ foggy	안개가 낀		☐ sunrise	동틀녘
☐ thunder	천둥		☐ quarter	1/4, 15분, 25센트
☐ breezy	산들바람이 부는		☐ half	1/2, 30분, 50센트
☐ noon	낮 12시		☐ cent	센트
☐ midnight	밤 12시		☐ dollar	달러

Track A-13

Q

🎧 Boy: I woke up to the sound of my alarm at 6:30 AM.

(A)

(B)

(C)

(D)

📖 해석   🎧   소년: 나는 아침 6시 30분에 알람 소리를 듣고 일어났어.

💬 풀이   정답 (B)

그림 속 시간을 파악하여 듣기에서 말하는 시각과 일치하는 선택지를 찾아야한다. 듣기에서 '6:30(six thirty)'라고 했으므로 정답은 (B)이다.

Aa 어휘   `phr` **wake up** 일어나다; 깨다, 정신을 차리다   `n` **alarm** 알람

              `n` **sound** 소리

함께 알아두면 좋을 표현

* **시간 표현 방법**

   `ex` **A.M.** 오전/ **P.M.** 오후 / **o'clock** 정시

       2:15   a quarter past two/ two fifteen

       6:30   half past six / half after six / half to seven / half before seven / six thirty

       9:45   a quarter to ten / a quarter before ten / nine forty-five

Q

🎧 Girl: The entrance ticket to Magic Park is 10 dollars and 15 cents.

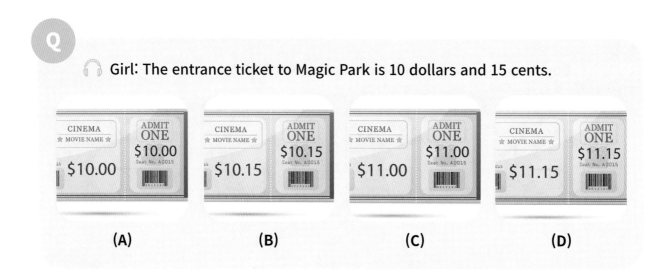

(A)　　　　(B)　　　　(C)　　　　(D)

📖 해석　　🎧　소녀: Magic Park에 들어가기 위한 입장료는 10달러 15센트야.

💬 풀이　　정답 (B)

그림 속 입장권의 가격을 파악하여 듣기에서 말하는 가격과 일치하는 선택지를 찾아야한다. 듣기에서 입장료의 가격이 '10 dollars and 15 cents'라고 했으므로 정답은 (B)이다.

Aa 어휘　　phr **entrance ticket** 입장권

함께 알아두면 좋을 표현

＊ 금액/숫자를 읽는 방법

$10: ten dollars　　$2.40: two dollars (and) forty cents　　￠10: ten cents, one dime

100: one hundred　　1,000: one thousand　　10,000: ten thousand

100,000: one hundred thousand　　1,000,000: one million　　1,000,000,000: one billion

Track A-15

Q

🎧 Boy: I'm soaked because of the flood.

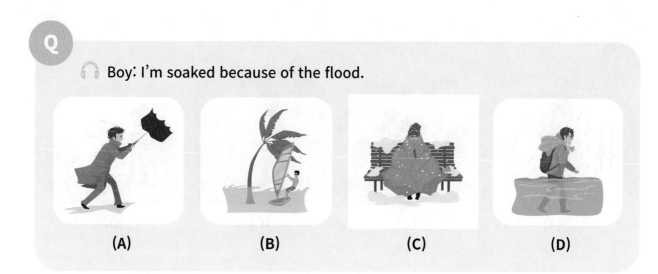

(A) (B) (C) (D)

🗒 **해석**

🎧 소년: 나는 홍수 때문에 다 젖었어.

💬 **풀이** 정답 (D)

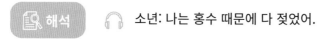

선택지 속 그림은 서로 다른 날씨를 나타내고 있다. 듣기에서 'soaked'와 'flood'를 언급했으므로 홍수로 인해 젖은 상황을 나타내는 선택지를 찾아야한다. 따라서 정답은 (D)이다.

Aa **어휘**   v **soak** 젖다   n **flood** 홍수

함께 알아두면 좋을 표현

* **because of**

'because of ~'는 '~때문에'라는 의미이며 'of' 뒤에는 명사(구)가 온다.

ex The vase broke because of the cat. 그 꽃병은 고양이 때문에 깨졌다.
She didn't go to school because of the cold. 그녀는 감기 때문에 학교에 가지 않았다.

Q1

(A)   (B)   (C)   (D)

Q2

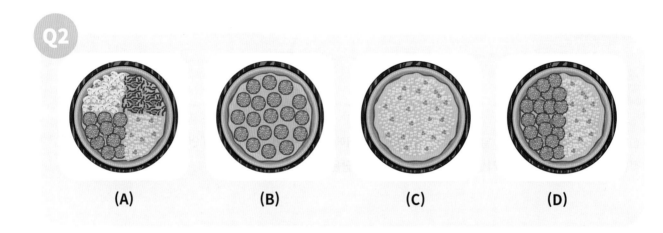

(A)   (B)   (C)   (D)

토셀쌤의 문제 풀이 Tip!

만 단위 이상의 수를 읽을 때는 수를 세자리씩 끊어서 읽는다. **10,000**을 **'ten thousand'**, **200,000**을 **'two hundred thousand'**라고 읽는 것 처럼 수를 세자리씩 끊어서 읽어야 한다.

Track A-16

Q3

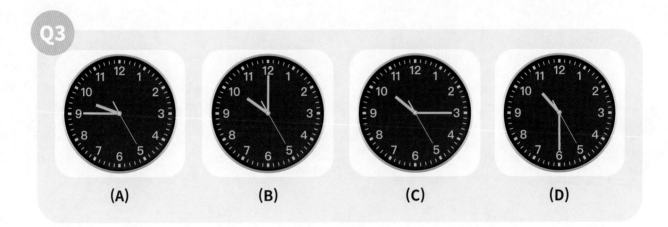

Q4

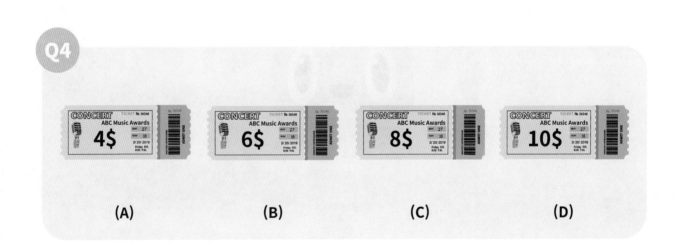

함께 알아두면 좋을 표현

* quarter past

'Quarter past'는 '15분'이라는 의미로 시간을 언급할 때 사용하는 표현이다.

> ex It's quarter past three. 지금 3시 15분이야.
>
> My test starts at quarter past nine. 내 시험은 9시 15분에 시작해.

Part **B** Listen and Respond

Part B 유형설명

유형	세부 내용	문항 수
대화에 알맞은 응답 고르기	1. 정보 전달	각 유형이 골고루 출제됨
	2. 의견 전달	
	3. 감정 전달	
	4. 문제 제기	
	5. 제안/요청/명령	
총 5개 유형		총 5문항

DIRECTION

① 6-10번까지 총 5문항으로 구성됩니다.

② 한 문장을 듣고 4개의 보기 중에서 다음에 이어질 가장 알맞은 대답을 고르는 문항입니다.

③ 문제와 보기는 두 번씩 들려줍니다.

Part B 는 이렇게 준비하자!

① 다양한 대답 표현 학습하기

Part B는 상대방의 말을 듣고 알맞게 답하는 능력을 측정하는 파트이다. 짧은 한 문장을 듣고 상황에 알맞은 대답을 재빠르게 찾아내야 한다.

Example

Q **What's the weather like today?**
오늘 날씨 어때?

1. It's really hot. ————————————→ (1) '많이 덥다'라고 **직접 대답**
2. You should put on short sleeves. ————→ (2) '반팔을 입는 게 좋겠다'는 **간접 대답**
3. Didn't you check the weather report? ——→ (3) 상대방에게 **되묻는 형식**으로 대답

똑같은 질문이라도 이처럼 다양한 방법으로 대답할 수 있으므로, 잘 나오는 유형만을 공부하거나 기계적으로 외우는 것은 좋은 방법이 아니다. 평소 많은 영어 표현을 익혀 질문의 의미를 정확히 파악하는 능력과, 그 질문이 어떤 문맥에서 쓰였는지 생각하며 보기와의 연결 고리를 파악하는 능력을 쌓아보자.

② 평서문 형식의 질문 익히기

"I'm afraid this is far from over.(말씀드리기 곤란하지만 끝나려면 한참 멀었습니다.)"는 평서문이지만 상대방에게 조언이나 도움을 구하기 위한 질문이기도 하듯이, 질문을 한다고 해서 항상 물음표 '?'가 들어간 의문문을 사용하는 것은 아니다. 평서문 형식으로도 질문을 할 수 있다는 사실에 유의하며 문제를 풀도록 하자.

VOCABULARY

n	achievement	업적
n	address	주소
v	borrow	빌리다
v	enjoy	즐기다
v	genre	장르
adj	interesting	흥미로운
v	invite	초대하다
n	nephew	(남자)조카

n	niece	(여자)조카
n	package	소포
v	prepare	준비하다
adj	proud	자랑스러운
adj	refreshed	상쾌한
v	spill	쏟다
adj	sticky	끈적거리는
adj	stressed	스트레스를 받는

유형 1
정보 전달

필요한 정보에 대해 알려주거나 묻는 말에 대한 알맞은 대답을 찾아야 하는 유형이다.

우리 주변에서 자주 겪는 다양한 상황에 관한 내용이므로 질문을 들을 때 묻고자 하는 핵심 정보를 빠르게 확인하는 것이 중요하다.

	의미	예문
Who	누가	Who is that woman? 저 여자는 누구야?
Whom	누구를	Whom did you see? 누구를 봤어?
Whose	누구의	Whose books are those? 저것들은 누구의 책들이야?
Where	어디	Where do you live? 어디에 사니?
When	언제	When did you last see her? 언제 그녀를 마지막으로 봤니?
Why	왜	Why are you late? 왜 늦었어?
What	무엇을	What's the matter? 무슨 일이야?
What…for	무엇 때문에	What did you do that for? 무엇 때문에 그랬니?
What time	몇 시	What time is it? 몇 시야?
What kind of	어떤 종류의	What kind of movie do you like? 어떤 영화를 좋아하니?
Which	어떤 것	Which is a better exercise? 어떤 게 더 좋은 운동이야?
How	어떻게	How do you go to school? 학교에 어떻게 가니?
How often	얼마나 자주	How often do you exercise? 얼마나 자주 운동을 하니?
How many	얼마나 많이+셀 수 있는 명사	How many people were there? 얼마나 많은 사람들이 있었니?
How much	얼마나 많이+셀 수 없는 명사	How much is it? 얼마야?
How far	얼마나 먼	How far is it? 얼마나 머니?
How old	몇 살	How old are you? 몇 살이야?

Step 1. Example

🎧 Track B-17

Q

Keyword 너, 얼마나 자주, 축구를 하니?

Boy: How often do you play soccer?

Girl: _____

(A) I have two bicycles.

(B) I don't play very often.

(C) It's her first time playing.

(D) He doesn't like to play here.

📖 해석

소년: 너는 얼마나 자주 축구를 하니?

소녀: _____

(A) 나는 자전거 두 대가 있어.

(B) 나는 자주 (축구를) 하지 않아.

(C) 그녀가 처음으로 해보는 거야.

(D) 그는 여기서 하는 걸 좋아하지 않아.

💬 풀이　　정답 (B)

'How often (얼마나 자주)'과 'you, play soccer (너가, 축구를 하는가)'를 제대로 듣는다면 알맞은 대답을 찾는데 도움이 된다. "얼마나 자주 축구를 하니?"에 대한 대답으로 "I don't play very often. (나는 자주 하지 않아.)"라는 대답이 가장 자연스러우므로 정답은 (B)이다.

Aa 어휘

adv	**often**	자주
v	**play**	놀다, (게임놀이 등을) 하다
n	**soccer**	축구

함께 알아두면 좋을 표현

* How often ~?

'How often ~?'은 '얼마나 자주 ~?'라는 의미로 어떤 행동을 얼마나 자주 하는지 물어보기 위해 사용하는 표현이다.

ex How often do you walk your dog?　너는 얼마나 자주 너의 강아지를 산책시키니?

Q

Boy: Where did you buy it?

Girl: _____

(A) At noon.

(B) In summer.

(C) From a market.

(D) In the package.

📖 해석

소년: 너는 그것을 어디서 구매했니?

소녀: _____

(A) 정오에.

(B) 여름에.

(C) 시장에서.

(D) 소포 안에.

📖 해석

💬 풀이   정답 (C)

'Where did you ~'와 'buy'를 제대로 듣는다면 알맞은 대답을 찾는 데 도움이 된다. 질문에 대한 대답으로 장소를 언급하는 것이 가장 자연스러우므로 'from the market'이라고 한 (C)가 정답이다.

Aa 어휘					
adv **where** 어디	v **buy** 구매하다	n **package** 소포
n **market** 시장	n **noon** 정오	n **summer** 여름

함께 알아두면 좋을 표현

＊ 다양한 종류의 market

'**market**'은 일상생활에서 접하는 '**supermarket**(수퍼마켓)', '**flea market**(벼룩시장)' 같은 장소 뿐만 아니라 거래가 이루어지는 '**stock market**(주식 시장)', '**housing market**(주택 시장)'등을 나타낼 때도 사용하는 어휘이다.

Q

Girl: Do you know him?

Boy: _____

(A) No, no one's here.

(B) No, that's not mine.

(C) Yes, he's my cousin, Jim.

(D) Yes, he knows them well.

해석

소녀: 너는 그를 알아?

소년: _____

(A) 아니, 여기 아무도 없어.

(B) 아니, 그것은 내 것이 아니야.

(C) 응, 그는 내 사촌 Jim이야.

(D) 응, 그는 그들을 잘 알아.

풀이   정답 (C)

'Do you know'를 제대로 듣는다면 알맞은 대답을 찾는 데 도움이 된다. "너는 그를 알아?"에 대한 대답으로 "Yes, he's my cousin, Jim."이라는 대답이 가장 자연스러우므로 정답은 (C)이다.

Aa 어휘   v **know** 알다   pron **mine** 내 것   n **cousin** 사촌

pron **no one** 아무도 (~않다)

함께 알아두면 좋을 표현

* **가족 구성원**

가족 혹은 친척에 대해 묻는 문제가 종종 있으니 관련 어휘를 알아두도록 하자.

ex **cousin** 사촌 | **niece/nephew** 조카(여)/조카(남) | **aunt** 이모/고모 | **uncle** 삼촌/이모부

Q1

(A) I want a new pen.

(B) I need you at two.

(C) I need ten of them.

(D) I want a lot of meat.

Q2

(A) Yes, it tastes good.

(B) No, it's very cheap.

(C) Yes, it has gone bad.

(D) No, it's already salty.

함께 알아두면 좋을 표현

* **Should** vs. **Have to**

'should(~하면 좋다)'는 권유, 조언할 때 사용하며 'have to(~해야 한다)'는 의무를 나타낼 때 사용한다 .

ex You should try reading before bed.   자기전에 책 읽는 것을 해보면 좋아.

They have to reduce speed in the rain.   그들은 비가 올 때 속력을 줄여야만 한다.

Q3

(A) I did my hair.

(B) I have no plans.

(C) I will be a scientist.

(D) I am afraid of water.

Q4

(A) Where were you going?

(B) Where did you meet him?

(C) Where did you buy the meat?

(D) Where were you playing the piano?

유형 1 대화에 알맞은 응답 고르기

헷갈리기 쉬운 표현 Tip!

* **happen to**

'happen to ~'는 '~를 우연히 하다'라는 의미로 예상하지 못한 상황에서 사용하는 표현이다.

ex　She happened to run into Susan this morning.　그녀는 오늘 아침에 우연히 Susan을 마주쳤어.

I happened to come across this album.　나는 우연히 이 앨범을 발견했어.

유형 2
의견 전달

의견을 전달하거나 상대방의 의견을 묻는 질문에 대해 알맞은 대답을 찾는 유형이다.

주제에 대해 간단한 의견을 묻거나 단순히 의견을 전달하는 경우도 있지만, 어떤 일에 대한 자신의 추측을 이야기하는 유형도 있다는 것을 기억하자.

의견 묻기/ 표현하기	예문
Do you think...?	Do you think our members enjoyed the play? 너는 우리 멤버들이 그 연극을 재미있게 보았다고 생각하니?
I think... I don't think...	I think our members enjoyed the play. 나는 우리 멤버들이 그 연극을 재미있게 보았다고 생각해.
	I don't think the lines were good. 나는 대사가 좋았다고 생각하지 않아.
How do you feel about...? What do you think about...?	How do you feel about school uniforms? What do you think about school uniforms? 학교 유니폼에 대해 어떻게 생각하니?
If you ask me...	If you ask me, school uniform is a good idea. 나한테 물어본다면, 교복은 좋은 생각인 것 같아.

Q

Keyword 손님(당신), 맛있게 드셨어요?

M: **Did you enjoy your meal?**

Girl: _____

(A) No, it was interesting.

(B) Sure, you can join us.

(C) Yes, it was really good.

(D) Right. It looks delicious.

📋 해석

남: 맛있게 드셨어요?

소녀: _____

(A) 아니요, 그건 재미있었어요.

(B) 물론이죠, 저희랑 같이 가요.

(C) 네, 정말 맛있었어요.

(D) 맞아요. 그건 맛있어 보여요.

💬 풀이   정답 (C)

"Did you enjoy your meal?"은 상대방에게 식사를 잘 했는지 물어볼 때 사용하는 표현이다. 이에 대한 대답으로 "Yes, it was really good."이 가장 알맞으므로 정답은 (C)이다.

Aa 어휘

v **enjoy** 즐기다, 즐거운 시간을 보내다   adj **interesting** 흥미로운; 재미있는

n **meal** 식사

함께 알아두면 좋을 표현

＊ **Did you enjoy ~?**

'Did you enjoy ~'는 '~를 즐기셨나요?'라는 의미로 어떤 것에 만족하는지 물어볼 때 사용할 수 있는 표현이다.

ex Did you enjoy your stay here? 여기 있는 동안 편안하셨나요?

🎧 Track B-22

Q

Girl: Your hands are so dirty.
Boy: _____

(A) I need to wash my hands.
(B) I'll buy some hand cream.
(C) They must clean things up.
(D) Don't put on a dirty sweater.

📑 해석

소녀: 너의 손은 매우 지저분해.
소년: _____

(A) 나는 손을 씻어야 해.
(B) 내가 핸드크림을 좀 살게.
(C) 그들은 치워야 해.
(D) 지저분한 스웨터를 입지 마.

💬 풀이   정답 (A)

상대방에게 손이 지저분하다고 말하고 있다. 이에 대한 대답으로 "I need to wash my hands."가 가장 알맞으므로 정답은 (A)이다.

Aa 어휘

| phr | **wash hands** 손을 씻다 | phr | **clean up** 치우다 | n | **hand** 손 |
| n | **hand cream** 핸드크림 | n | **sweater** 스웨터 | adj | **dirty** 지저분한 |

함께 알아두면 좋을 표현

* **need to**

'need to ~'는 '~를 해야 해'라는 의미로 필요를 나타낼 때 사용할 수 있는 표현이다.

ex I need to go to the bathroom. 나는 화장실을 가야 해.
What do they need to know? 그들이 무엇을 알아야 할까?

Q

Girl: Which one is better, blue or red?

Boy: _____

(A) I feel better today.

(B) Red light means danger.

(C) The blue one seems better.

(D) The blues is a kind of music genre.

해석

소녀: 어떤 것이 더 좋아, 파랑색 아니면 빨강색?

소년: _____

(A) 나는 오늘 몸이 많이 좋아졌어.

(B) 빨간 불은 위험을 상징해.

(C) 파란색이 더 나은 것 같아.

(D) 블루스는 음악 장르 중 하나야.

풀이   정답 (C)

'Which one is better'는 둘 중 하나를 어떤 것이 나은지 의견을 물어볼 때 사용하는 표현이다. 이에 대한 대답으로 "The blue one seems better."가 가장 알맞으므로 정답은 (C)이다.

Aa **어휘**   n **danger** 위험   n **blues** 블루스   phr **music genre** 음악 장르

함께 알아두면 좋을 표현

* **Which one is better, A or B?**

'Which one is better, A or B?'는 'A와 B 중 어떤 것이 더 나아?'라는 의미로 상대방에게 둘 중 어떤 것이 좋은지 물어볼 때 사용할 수 있는 표현이다.

ex Which one is better, the right one or the left one? 어떤 것이 낫니, 오른쪽 것 아니면 왼쪽 것?

Basic Listening & Speaking   61

Q1

🎧

(A) They never get a break.

(B) The new teacher is strict.

(C) Next semester starts soon.

(D) It was a memorable experience.

Q2

🎧

(A) I am good at drawing.

(B) I can help you with that.

(C) I wake up early every morning.

(D) I am going to study math tonight.

토셀쌤의 문제 풀이 Tip!

말하는 사람이 **전달하고자 하는 내용**을 이해하고 그에 대한 상대방의 대답을 예상하는 것이 중요하다. **대화 의도를 파악**하고 가장 적절한 정답을 고르는 연습이 필요하다.

Q3

(A) Yes, where will you go?

(B) Yes, what flavor is that?

(C) Yes, when is Jina's birthday?

(D) Yes, how did you cook the pasta?

Q4

(A) I think it is so expensive.

(B) I think he likes the program.

(C) I think I should start working out.

(D) I think we should begin it next week.

헷갈리기 쉬운 표현 Tip!

＊ **begin** vs. **start**

'begin'은 '어떤 일이 일어나는 것의 시작' 'start'는 '어떤 일을 하는 것의 시작'이라는 차이가 있다.

ex　What time does the class begin?　수업 몇 시에 시작하니?

　　When do you start your new course?　새로운 강좌 언제 시작하니?

유형 3
감정 전달

인물의 동작이나 상태에 관한 문장을 듣고 가장 알맞게 표현한 그림을 고르는 유형이다.

이 유형에서는 화자가 받은 선물이나 도움에 대한 감사, 좋은 소식에 대한 기쁨, 어떤 상황에 대한 불평 등 여러 가지 감정 표현에 대해 알아본다.

• 감정 표현

Thanks for ~	~에 대해 감사하다	be excited	신나다, 흥분하다
I'm sorry ~	~에 대해 미안하다	be scared	무서워하다
be embarrassed	당황스러워하다	be upset	속상하다, 마음이 상하다
be confused	혼란스러워하다	be jealous	질투하다
be confident	자신감이 있다	feel great	기분이 좋다
be pleasant	상냥하다	feel terrible	기분이 안 좋다
be depressed	우울하다, 속상하다	feel sad	슬프다
be disappointed	실망하다	feel stressed	스트레스를 받다

Q

Keyword 고마워, 내 집에 와서

Boy: Thank you for coming to my house!

Girl: _____

(A) I don't mind doing so.

(B) Thanks for inviting me.

(C) Sorry, I didn't invite you.

(D) He told me the wrong address.

📑 해석

소년: 내 집에 와줘서 고마워!

소녀: _____

(A) 나는 그렇게 하는 것을 개의치는 않아.

(B) 초대해줘서 고마워.

(C) 미안해, 나는 너를 초대하지 않았어.

(D) 그가 잘못된 주소를 알려줬어.

💬 풀이　　정답 (B)

자신의 집에 와주어 고맙다고 하며 'Thank you'라고 고마움을 표현하고 있다. 이에 대해 초대해줘서 고맙다는 대답이 적절하므로 정답은 (B)이다.

Aa 어휘　　ⓥ **invite** 초대하다　　adj **wrong** 잘못된　　ⓝ **address** 주소

헷갈리기 쉬운 표현 Tip!

＊ Thank you for

'Thank you for ~'는 '~해서 고마워'라는 의미로 상대방에게 감사함을 표현할 때 사용할 수 있다.

ex Thank you for finding my keys. 내 열쇠 찾아줘서 고마워.

Thank you for your concern. 염려해주어 고마워.

Q

Boy: I'm sorry I am late.
Girl: _____

(A) No thanks.
(B) No problem.
(C) Help yourself.
(D) Nice to meet you.

📖 해석

소년: 늦어서 미안해.
소녀: _____

(A) 아니, 괜찮아. (거절의 의미)
(B) 괜찮아.
(C) 맘껏 먹어.
(D) 만나서 반가워.

💬 풀이   정답 (B)

늦어서 미안하다는 표현으로 'I'm sorry'라고 말하고 있다. 이에 대해 괜찮다는 말로 "No problem."이 가장 알맞으므로 정답은 (B)이다.

Aa 어휘   adj **sorry** 미안한   adj **late** 늦은   v **meet** 만나다

함께 알아두면 좋을 표현

＊ I'm sorry ~

'I'm sorry ~'는 '~해서 미안해'라는 의미로 상대방에게 사과할 때 사용할 수 있는 표현이다.

ex I'm sorry I lost your book.   너의 책을 잃어버려서 미안해.

I'm sorry I forgot this.   내가 이것을 잊어버려서 미안해.

Q

Girl: Happy birthday! Here is my present for you.

Boy: _____

(A) I'm so sorry to hear that.

(B) I can't thank you enough.

(C) I'm so proud of my achievements.

(D) I should prepare my presentation.

해석

소녀: 생일 축하해! 이건 너를 위한 선물이야.

소년: _____

(A) 유감이야.

(B) 너에게 이보다 더 감사할 수 없어.

(C) 나는 내 성취가 너무 자랑스러워.

(D) 나는 발표를 준비해야 될 것 같아.

풀이   정답 (B)

선물에 대해 고맙다는 인사로 "I can't thank you enough."라고 대답하는 것이 적절하므로 정답은 (B)이다.

Aa 어휘

| n | **present** 선물 | n | **achievement** 업적 | adj | **proud** 자랑스러운 |
| v | **prepare** 준비하다 | n | **presentation** 발표 |

함께 알아두면 좋을 표현

* **감사인사**

상대방에게 고마움을 드러내는 다양한 표현들을 익혀보자.

ex Thanks for ~. | I appreciate it. | I feel grateful. | I owe you one.

Q1

(A) Yes, I'm ready to run.

(B) Yes, I'm feeling confident.

(C) Yes, I've finished my homework.

(D) Yes, I'm interested in filmmaking.

Q2

(A) Congratulations!

(B) Really? I'm so jealous!

(C) Don't be so disappointed.

(D) Thank you for your kindness.

토셀쌤의 문제 풀이 Tip!

대화에 등장하는 인물들의 **감정**이나 **기분**을 설명하는 **표현을 익히는 것이** 중요하다. 문제에서 제시하는 감정 표현 이외에도 다양한 표현들을 스스로 찾아보자.

Q3

(A) I wish you a happy holiday.

(B) I'm afraid it will rain tomorrow.

(C) I started to read the book, too.

(D) Welcome! I'm glad you have joined us.

Q4

(A) Yes, he is kind.

(B) Yes, I feel stressed.

(C) Yes, I'm hungry, too.

(D) Yes, he loves studying.

함께 알아두면 좋을 표현

✱ 스트레스 받을 때

'스트레스를 받는다'라는 의미를 가진 다양한 표현들을 알아두도록 하자.

ex　stressed　스트레스를 받는 | stress out　스트레스를 받다 | burnt out　극도로 피곤한

유형 4
문제 제기

우리 주변에서 발생하는 다양한 문제에 대한 말에 알맞은 대답을 찾는 유형이다.

이 유형에서는 화자가 직접 문제점을 말하거나, 답변을 통해 문제점이 드러난다.

• 문제 제기 표현

표현	예문
Why...?	**Why is the window open?** 왜 창문이 열려있어? **Why do we have to leave the room?** 우리는 왜 방을 나가야 하나요?
What's wrong with...?	**What's wrong with the computer?** 그 컴퓨터 뭐가 문제인 거야? **What's wrong with using a smartphone?** 스마트폰을 사용하는 것이 무엇이 잘못된 거야?

Q

Keyword 왜, 바닥이, 끈적거리니

Boy: Why is the floor so sticky?

Girl: _____

(A) Sit over there.

(B) My kids love stickers.

(C) Derrick spilled ice cream.

(D) She told me to clean my room.

해석

소년: 왜 바닥이 이렇게 많이 끈적거리지?

소녀: _____

(A) 저기 앉아 있어.

(B) 우리 아이들은 스티커를 좋아해.

(C) Derrick이 아이스크림을 흘렸어.

(D) (그녀가) 나에게 방을 치우라고 말했어.

풀이   정답 (C)

'왜 바닥이 끈적거리냐'라는 물음에 대해 '아이스크림을 흘려서 그렇다'라는 대답이 가장 자연스러우므로 정답은 (C)이다.

Aa 어휘   n **floor** 바닥, 층   adj **sticky** 끈적거리는

함께 알아두면 좋을 표현

* spill

'spill ~'은 '~를 흘리다/쏟다'라는 의미로 무언가를 흘렸을 때 사용할 수 있는 표현이다.

ex   I spilled orange juice on the table.   나는 식탁 위에 오렌지 주스를 쏟았어.

My little brother spilled the beans.   내 남동생이 무심코 비밀을 말해버렸어.

Q

Girl: What's wrong with you?

Boy: _____ .

(A) I feel refreshed.

(B) You look happy.

(C) Long time no see!

(D) I've lost my phone.

해석

소녀: 무슨 잘못된 일 있어?

소년: _____

(A) 나는 기분이 상쾌해.

(B) 너는 행복해 보여.

(C) 오랜만에 보는구나!

(D) 나는 핸드폰을 잃어버렸어.

💬 풀이　　　정답 (D)

"무슨 잘못된 일 있어?"라는 소녀의 물음에 대한 대답으로 "핸드폰을 잃어버렸어."라는 대답이 가장 자연스러우므로 정답은 (D)이다.

Aa 어휘　　adj **happy** 행복한　　adj **refreshed** 상쾌한　　v **lose** 잃어버리다

n **phone** 핸드폰

함께 알아두면 좋을 표현

✴ **What's wrong?**

"What's wrong?"은 "무슨 문제 있어?"라는 의미로 상대방에게 무슨 일이 있는지 물어볼 때 사용할 수 있는 표현이다.

Q

Boy: This furniture is too expensive.

Girl: _____

(A) That sounds great.

(B) I agree. It's really cheap.

(C) We should find another one.

(D) There are many furniture types.

해석

소년: 이 가구는 너무 비싸.

소녀: _____

(A) 좋은거 같아.

(B) 동의해. 그것은 정말 저렴해.

(C) 우리 다른거 찾아보자.

(D) 가구 종류가 많아.

풀이   정답 (C)

가구가 너무 비싸다는 소년의 말에 "우리 다른거 찾아보자."라고 대답하는 것이 가장 자연스러우므로 정답은 (C)이다.

Aa 어휘   adj **cheap** 저렴한   adj **expensive** 비싼   n **furniture** 가구

n **type** 종류

함께 알아두면 좋을 표현

＊ 가격을 나타내는 표현

가격에 대해 말할 때 사용하는 형용사들이 있다. 일상생활에서 자주 사용하는 표현이니 외워두자.

ex **cheap** (값이) 싼 | **expensive** (값이) 비싼 | **reasonable** 적정한 | **fair** 타당한, 온당한

Q1

(A) I'm burned out.

(B) It smells delicious!

(C) I want something to drink.

(D) Gosh! I forgot to turn off the stove.

Q2

(A) Help yourself.

(B) So far, so good.

(C) Nothing special.

(D) Sure. No problem.

토셀쌤의 문제 풀이 Tip!

이 문제에서는 **화자가 직접 문제를 제기**하고 있으므로 보기에서 문제에 대한 가장 알맞은 대답을 찾는 것이 중요하다. 문제를 잘 듣고 말하는 사람의 **의도를 파악하자.**

Q3

(A) I like your shirt.

(B) I want you to stay.

(C) I stayed up all night.

(D) I went out for dinner.

Q4

(A) He created an app.

(B) He is playing the violin.

(C) He broke up with Emma.

(D) He loves climbing mountains.

헷갈리기 쉬운 표현 Tip!

* break up with

'break up with ~'는 '~랑 헤어지다'라는 의미로 연인과 헤어졌을 때 사용할 수 있는 표현이다.

ex Max recently broke up with his girlfriend. Max는 최근에 여자친구랑 헤어졌다.

I can't imagine breaking up with my boyfriend. 나는 남자친구랑 헤어지는 걸 상상할 수 없어.

유형 5
제안 / 요청 / 명령

상대방에게 부탁하거나, 제안하는 질문에 대해 알맞은 대답을 찾아야 하는 유형이다.

대화문에서 상대방의 요청을 수락하거나 거절할 수도 있다. 혹은 다른 의견을 제시할 수도 있으니 제안, 요청, 명령하는 표현을 익혀두자.

• 제안/요청/명령 표현

상황	표현		의미	
제안	Can/Could I/you~?	~해줄 수 있어?	ex	Can you do me a favor? 내 부탁 하나 들어주겠니?
	May I~?	~해도 될까?	ex	May I ask your name? 이름을 여쭤봐도 될까요?
	Would you like to~?	~할래?	ex	Would you like to order? 주문하시겠어요?
요청	Let's ~!	~하자!	ex	Let's go for a walk! 산책하러 가자!
	How about ~?	~하는 게 어때?	ex	How about a break? 좀 쉬는 게 어때?
	Why don't you~?	~하는 게 어때?	ex	Why don't you stop? 그만하는 게 어때?
명령	You/We have/need to~. You/We should~.	~해야 해.	ex	You have to sleep. 너는 자야 해.
	Can/Could I/you~?	~할 수 있어?	ex	Could you tell me? 저에게 말해줄 수 있나요?

Q

Keyword 질문 하나 드려도 될까요

Boy: Ms. Lynn, may I ask you a question?

W: _____

(A) Yes, it's summer.

(B) Of course you can.

(C) No, you didn't ask me.

(D) Thanks. You're so nice.

📑 해석

소년: Lynn 선생님, 질문 하나 드려도 될까요?

여: _____

(A) 네, 여름이에요.

(B) 물론이죠, 하세요.

(C) 아니요, 당신은 나에게 묻지 않았어요.

(D) 고마워요. 당신은 참 친절해요.

💬 풀이　　정답 (B)

'May I ~?' 라는 표현을 사용하여 상대방에게 '질문을 해도 되냐'고 묻는 질문에 "Of course, you can. (물론이죠, 하세요)"라고 하며 부탁을 들어주고 있는 것이 가장 적절하므로 정답은 (B)이다.

Aa 어휘　　phr **ask a question** 질문을 하다

함께 알아두면 좋을 표현

* May I ~?

'May I ~?'는 정중하게 요청을 하거나 허락을 구할 때 사용할 수 있는 표현이다.

ex May I drink some water?　물을 조금 마셔도 되겠습니까?

May I open the windows?　창문을 열어도 괜찮겠습니까?

Q

Girl: Let's go buy some snacks!

Boy: _____

(A) She keeps it in her lunch bag.

(B) I want strawberry cheesecake!

(C) He already bought a pet hamster.

(D) I saw lots of snakes in my dream!

📑 해석

소녀: 간식 사러 가자!

소년: _____

(A) 그녀는 그것을 도시락 가방에 넣어두고 있어.

(B) 나는 딸기 치즈케이크를 원해!

(C) 그는 이미 반려 햄스터를 구매했어.

(D) 나는 꿈에서 뱀을 많이 봤어!

💬 풀이　　　정답 (B)

'Let's go ~'라는 표현을 사용하여 상대방에게 '~하러 가자'라고 말하고 있다. 간식을 사러 가자는 말에 '나는 딸기 치즈케이크를 원해!'라는 정답이 가장 적절하므로 정답은 (B)이다.

Aa 어휘

n	**snack** 간식	n	**hamster** 햄스터	n	**cheesecake** 치즈케이크
n	**snake** 뱀	n	**dream** 꿈	phr	**lunch bag** 도시락 가방

함께 알아두면 좋을 표현

＊ Let's

'Let's ~'는 '~하자'라는 의미로 상대방에게 어떤 행동을 제안할 때 사용할 수 있는 표현이다.

ex　Let's go eat some ice cream!　우리 아이스크림 먹으러 가자!　Let's go home!　집에 가자!

Q

Boy: May I borrow your pen?

Girl: _____

(A) Sure. Here you go.

(B) It's okay. Here they are.

(C) Sorry. There is no more paper.

(D) Thank you. I'll give it back to you.

🔍 해석

소년: 너의 볼펜을 하나 빌려도 될까?

소녀: _____

(A) 그래. 여기.

(B) 괜찮아. 그것들은 여기 있어.

(C) 미안해. 종이가 더 없어.

(D) 고마워. 내가 너에게 돌려줄게.

유형 5 대화에 알맞은 응답 고르기

💬 풀이　　정답 (A)

'May I ~'라는 표현을 사용하여 상대방에게 무엇을 빌릴 수 있는지 물어보고 있다. 이에 대해 "그래. 여기."라는 대답이 가장 적절하므로 정답은 (A)이다.

Aa 어휘　　 **borrow** 빌리다

함께 알아두면 좋을 표현

＊May vs. Can

'Can'은 가벼운 허락이나 동의를 구하는 표현이고, 'May'는 더 정중하게 상대방에게 허락을 구하고 요청할 때 쓰이는 표현이니 유의해서 사용하도록 하자.

ex　May I come inside?　안에 들어가도 될까요?　Can I go now?　지금 떠나도 되나요?

Q1

(A) I live in Seoul.

(B) Sorry, but I have to.

(C) Of course, I will leave it here.

(D) Many leaves are on the ground.

Q2

(A) How much is it?

(B) How can I help you?

(C) She is a famous singer.

(D) Ginger is a popular tea flavor.

토셀쌤의 문제 풀이 Tip!

상대방에게 무엇을 해달라고 부탁하는 요청에 대해 알맞은 대답을 찾아야 한다. 답변으로 **예** 혹은 **아니오**로 대답하는 것 뿐만 아니라 이어서 **또 다른 질문**을 할 수 도 있다.

Q3

(A) No, I won't.

(B) Yes, you can.

(C) Yes, let's hurry!

(D) No, don't be so upset.

Q4

(A) Yes, we need some milk.

(B) Yes, we have run out of it.

(C) Yes, we have to clean the toilet.

(D) Yes, we should recycle the paper.

헷갈리기 쉬운 표현 Tip!

＊ Do we need ~?

'Do we need ~?'는 '~가 필요해?'라는 의미로 어떤 물건이 필요한지 물어볼 때 사용하는 표현이다.

ex Do we need extra plates? 우리 접시가 더 필요해?

Do we need more popcorn? 우리 팝콘이 더 필요해?

Part C Listen and Retell

Part C 유형설명

유형	세부 내용	문항 수
C-1 대화에 알맞은 그림 고르기	1. 인물/동작/사물/동물/음식	
	2. 날씨/시간/수	
C-2 대화를 듣고 질문에 답하기	1. What/Why 의문문	**각 유형이 골고루 출제됨**
	2. Where/When 의문문	
	3. How/Who 의문문	
C-3 이야기를 듣고 질문에 답하기	1. 이야기/우화	
	2. 일기/일상문	
	3. 묘사문	
	4. 공지문	
총 5개 유형		**총 15문항**

DIRECTION

1 11-25번까지 총 15문항으로 구성됩니다.

2 짧은 대화나 이야기를 듣고, 4개의 그림 중에서 질문에 가장 알맞은 답을 고르는 문제이다. 지문은 두 번씩 들려줍니다.

Part C-1 는 이렇게 준비하자!

❶ 주어진 질문이나 그림 선택지를 미리 살펴보자

Part C-1에서는 질문과 함께 그림 4개가 선택지로 제시된다. 이 그림이나 질문을 미리 본다면 어떤 듣기 내용이 나올지 짐작할 수 있으므로 대화를 듣기 전 질문과 선택지를 먼저 파악하는 훈련을 하도록 해야 한다. 주로 사물의 이름, 인물/동물의 동작, 장소나 위치가 어디인지, 이외에도 날씨나 시간, 가격 등 각 그림에서 가장 두드러지게 비교되는 부분을 미리 알아두는 것이 듣기에 도움이 된다.

❷ 핵심어에 집중하기

대화에서 핵심어를 빠르고 정확하게 파악하는 능력이 요구되는 유형이다. 핵심어와 선택지에 나와있는 사물이나 사람의 특징이 일치하는지 확인해야 한다. 또한, 문제를 푼 후 복습을 하며 오답 뿐만아니라 선택지의 그림까지 살펴보자. 오답을 유도하는 함정이 제시되는 패턴을 익혀둔다면 문제 구성 원리에 대해 더 확실하게 이해할 수 있다.

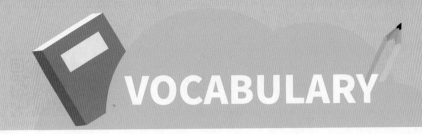

VOCABULARY

v	**agree**	동의하다		n	**noon**	정오
adv	**already**	이미; 벌써		adv	**now**	지금
n	**camel**	낙타		n	**pot**	냄비
n	**flamingo**	홍학		v	**prepare**	준비하다
n	**giraffe**	기린		v	**rain**	비가 오다
adj	**humid**	습한		n	**contest**	대회
n	**kettle**	주전자		adv	**still**	아직
n	**minute**	분		n	**weather**	날씨

유형 1
인물 / 동작 / 사물 / 동물 / 음식

인물, 동물의 동작, 사물과 동물의 명칭, 음식이나 장소의 이름 등에 관한 두 사람의 대화를 듣고 가장 알맞게 표현한 그림을 고르는 유형이다.

인물의 동작을 나타내는 영어 표현이나 사물, 동물, 장소, 음식의 이름을 정확히 알아두는 것이 가장 중요하다.

☐ **sit down**	앉다	☐ **open**	열다
☐ **listen**	듣다	☐ **eat**	먹다
☐ **think**	생각하다	☐ **wait**	기다리다
☐ **dance**	춤을 추다	☐ **hug**	안다
☐ **fly**	날다	☐ **dive**	뛰어들다
☐ **close**	닫다	☐ **buy**	사다

학습 전략

☑ **핵심어 파악하기!**

'사물/동물의 이름 + 색' 또는 '사물/동물의 이름 + 숫자' 와 같이 두 가지 정보를 물어보는 경우도 있으니 대화를 들을 때 핵심어 뿐만 아니라 이를 설명하는 요소들도 함께 들어야 한다.

Q

🎧 Girl: Luigi, did you see a pink kettle next to the stove?

Boy: No, I just saw a red pot.

Q What did Luigi see?

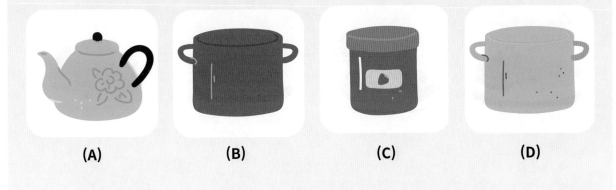

(A)   (B)   (C)   (D)

🔍 해석

🎧 소녀: Luigi, 스토브 옆에 분홍색 주전자 봤니?

소년: 아니, 빨간 냄비밖에 못봤어.

질문: Luigi는 무엇을 보았는가?

💬 풀이   정답 (B)

질문은 'What(무엇)'을 'Luigi'가 'see(보았는가)'에 대해 묻고있다. 먼저 'Luigi'가 누구인지를 그가 본 것을 정확히 들어야 한다. '빨간색 냄비 (red pot)'를 보았다고 했으므로 정답은 (B)이다.

Aa 어휘   adj **pink** 분홍색의   n **kettle** 주전자   adj **red** 빨간색의   n **pot** 냄비

💡 TIP

위의 문제와 같이 일상생활에서 사용하는 도구의 명칭을 알아야하는 문제들이 있다. 평소에 주변에서 볼 수 있는 사물의 이름을 알아두도록 하자.

Q

🎧 Boy: This food looks so tasty!

W: Really? It's my first time cooking steak.

Q What did she cook?

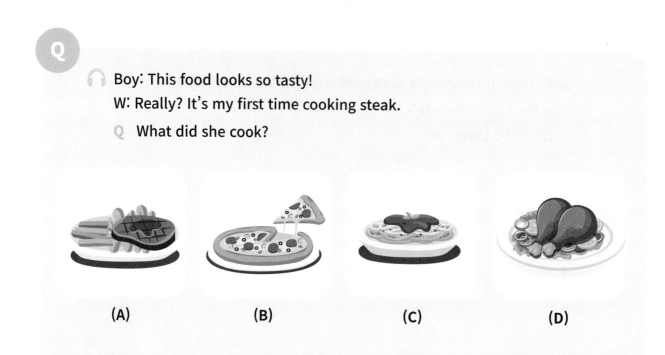

(A)　　　　(B)　　　　(C)　　　　(D)

📖 해석 　🎧 소년: 이 음식은 진짜 맛있어 보여.

여자: 정말? 나 스테이크 요리 처음 해봐.

질문: 여자는 무엇을 요리했는가?

💬 풀이 　정답 (A)

질문은 'What(무엇)'을 여자가 'cook(요리하는가)'에 대해 묻고있다. 무엇을 요리하는지에 대해 언급할 확률이 높으므로 문장이 끝날 때까지 잘 들어야한다. 'steak(스테이크)'를 처음 요리했다고 했으므로 정답은 (A)이다.

Aa 어휘 　n **food** 음식　v **cook** 요리하다　adj **tasty** 맛있는

💡 TIP

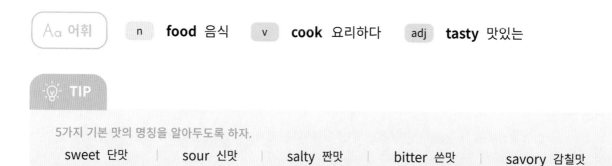

5가지 기본 맛의 명칭을 알아두도록 하자.

sweet 단맛 | sour 신맛 | salty 짠맛 | bitter 쓴맛 | savory 감칠맛

Q

🎧 Girl: Jina runs very fast.

Boy: I agree. I think she is the fastest runner in our class.

Q What is Jina good at?

(A)　　　　(B)　　　　(C)　　　　(D)

🔍 해석 🎧 소녀: Jina는 매우 빨리 달려.

소년: 나도 동의해. 내 생각에는 그녀가 우리 반에서 제일 달리기가 빨라.

질문: Jina는 무엇을 잘 하는가?

💬 풀이　　정답 (A)

질문은 'What(무엇)'을 'Jina'가 'good at(잘하는가)'에 대해 묻고있다. 먼저 'Jina'가 누구인지를 파악한 후 'Jina'에 대한 특징으로 언급한 내용을 정확히 들어야 한다. 빨리 달린다고 했으므로 정답은 (A)이다.

Aa 어휘　　ᵛ **run** 달리다　　ᵛ **agree** 동의하다　　adv **fast** 빨리, 빠르게

💡 TIP

'~을 잘하는'의 의미를 가지고 있는 '**be good at ~**' 표현을 사용한 문장들이 있다. 문장에서 '**good at ~**' 뒤에 명사 혹은 동사+ing 형태가 와야 한다는 걸 기억하자.

유형 1 대화에 알맞은 그림 고르기

Q1

🎧 Q **Where are the boy and the girl?**

(A)

(B)

(C)

(D)

Q2

🎧 Q **What will the boy do tonight?**

(A)

(B)

(C)

(D)

토셀쌤의 문제 풀이 Tip!

문항 속 그림 간의 공통점과 차이점이 있는 경우, **그림의 차이점**이 문제를 푸는 포인트가 될 수 있다. 예를 들어, 1번 문제처럼 (B)와 (C) 모두 눈과 관련된 활동이지만 (B)는 스케이트를 타고 있고 (C)는 스키를 타고 있다.

Q3

🎧 Q **What is the elephant doing?**

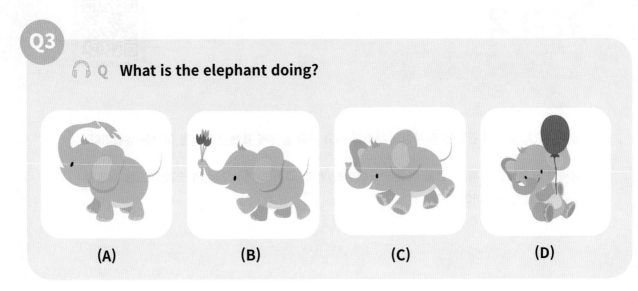

(A)   (B)   (C)   (D)

Q4

🎧 Q **What do the boy's sisters look like?**

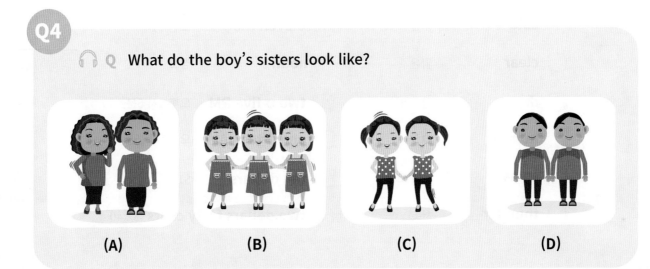

(A)   (B)   (C)   (D)

함께 알아두면 좋을 표현

＊ 동물의 분류

문제에 동물이 등장하는 경우가 많다. 동물의 명칭 뿐만 아니라 종류까지 알아보도록 하자.

ex mammal 포유류 ｜ amphibian 양서류 ｜ reptile 파충류 ｜ insect 곤충류 ｜ bird 조류 ｜ fish 어류

유형 2
날씨 / 시간 / 수

날씨, 시간, 수 등과 관련된 두 사람의 대화를 듣고 가장 알맞게 표현한 그림을 고르는 유형이다.

날씨를 표현하는 어휘, 시간을 적절히 표현하는 방법, 그리고 여러 자리의 숫자를 읽는 방법을 필수적으로 알아두어야 한다.

☐ **hot**	더운	☐ **ten thirty AM**	오전 10시 30분
☐ **cold**	추운	☐ **eleven AM**	오전 11시
☐ **clear**	맑은	☐ **noon**	정오
☐ **dry**	건조한	☐ **two o five PM**	오후 2시 5분
☐ **humid**	습한	☐ **one fifteen AM**	오전 1시 15분
☐ **snowy**	눈이 오는	☐ **ten dollars**	$10
☐ **thunder**	천둥	☐ **two dollars forty cents**	$2.40

학습 전략

✓ 관련 표현 익히기!

날씨, 시간, 금액을 표현하는 방법을 정확히 알고 유형에 대비해야 한다.

Q

🎧 Girl: Ahmi, hurry up! It's already 2:50.

Boy: We still have 10 minutes left.

Q What time is it now?

(A)

(B)

(C)

(D)

🔍 해석   🎧 소녀: Ahmi, 서둘러! 벌써 2시 50분이야.

소년: 우리 아직 10분 남았잖아.

질문: 지금 몇 시인가?

💬 풀이   정답 (A)

먼저 질문을 보면 "What time is it now?"로 현재 시간을 묻고 있다. 소녀가 "It's already 2:50."라고 하였으므로 정답은 (A)이다. 10분이 더 남았다는 말에 (B)와 혼동하지 않도록 주의해야 한다.

Aa 어휘   adv **already** 이미; 벌써   adv **still** 아직   n **minute** (시간 단위의) 분

💡 TIP

시간을 물어볼 때 'What time is it?'이라는 표현을 사용한다.

Q

🎧 Boy: Are you preparing for the speech contest?
Girl: Yes, it's in November.

Q When is the speech contest?

(A)

(B)

(C)

(D)

 해석

🎧 소년: 너 웅변 대회 준비하고 있어?
소녀: 응, 11월에 해.
질문: 웅변 대회는 언제인가?

💬 풀이　　정답 (C)

질문은 "When is the speech contest?"로 웅변 대회가 언제 열리는지 묻고 있다. 소녀가 'it's in November.'라고 하였으므로 정답은 (C)이다.

Aa 어휘　　phr **speech contest** 웅변 대회　　v **prepare** 준비하다

💡 TIP

달(month) 이름을 알아야 되는 문제들이 있다. 평소에 달 이름을 알아두도록 하자.

Track C-43

Q

Boy: What's the weather like in your country?

Girl: It's raining now.

Q What's the weather like in the girl's country?

(A)   (B)   (C)   (D)

해석

소년: 네 나라 날씨는 어때?

소녀: 지금 비와.

질문: 소녀가 사는 나라의 날씨는 어떤가?

풀이   정답 (A)

질문을 보면 "What's the weather like in the girl's country?"로 소녀가 사는 곳의 날씨를 묻고 있다. 소녀가 비가 온다고 하였으므로 정답은 (A)이다.

Aa 어휘   n **weather** 날씨   v **rain** 비가 오다   adv **now** 지금

TIP

위의 문제와 같이 날씨 표현을 알아야 맞출 수 있는 문제들이 있으니 평소에 날씨 표현들을 알아두도록 하자.

Q1

🎧 Q **What time is it now?**

(A)

(B)

(C)

(D)

Q2

🎧 Q **What's the weather like on the road?**

(A)

(B)

(C)

(D)

토셀쌤의 문제 풀이 Tip!

시간이 나오는 문제에서는 **언급한 시간을 듣는 것**이 매우 중요하다.
또한, 1번 문제와 같이 문제에서 언급된 시간이 아닌 다른 시간이 답이 될 수
있으므로 주의해서 들어야 한다.

Q3

🎧 Q **How much is the shirt?**

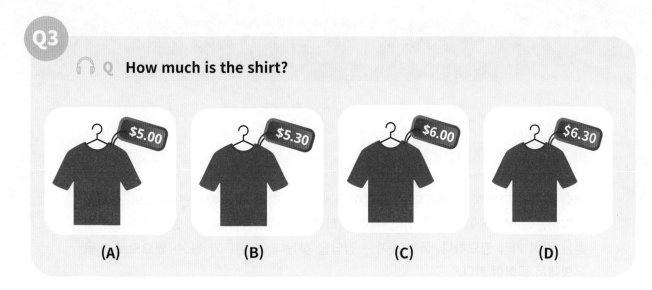

(A) (B) (C) (D)

Q4

🎧 Q **What's the weather like in the girl's city?**

(A) (B) (C) (D)

함께 알아두면 좋을 표현

＊ **How much is/are ~?**

가격을 물어볼 때 'How much is/are'라는 표현을 사용할 수 있다.

ex How much is that hat? 저 모자는 얼마인가요?
How much are those pants? 저 바지는 얼마인가요?

Basic Listening & Speaking 97

Part C-2 는 이렇게 준비하자!

❶ 대화의 소재 파악하기

대화문에서 다양하게 활용되는 표현이나 단어를 미리 학습해두면 대화의 소재를 파악하는데 어려움이 없을 것이다. 특히 대화에서, 사물, 동물, 음식, 숫자 등을 정확히 듣는 것이 가장 중요하다. 특히 숫자는 정답을 찾는데 큰 힌트가 될 수 있으므로 더욱 유의해서 들어야 한다.

❷ 질문의 의문사 확인하기

의문사에 따라 질문의 의도가 달라지기 때문에 이를 유의해서 들어야 한다. 의문사는 질문의 맨 앞에 나오기 때문에 문장의 앞부분을 주의해서 들어야 알맞은 대답을 찾을 수 있다. 예를 들어, What 의문문은 What 뒤에 나오는 동사의 종류에 집중하면 정답을 쉽게 찾을 수 있고, Where 의문문은 장소나 위치에 대해 집중해서 들으면 된다.

VOCABULARY

adj	**boring**	지루한		v	**greet**	환영하다
adv	**already**	이미; 벌써		n	**playground**	놀이터
v	**announce**	발표하다		v	**prepare**	준비하다
n	**backyard**	뒷마당		adj	**pot**	냄비
adj	**creative**	창의적인		v	**cancel**	취소하다
adv	**actually**	사실		v	**react**	반응하다
adj	**customized**	맞춤 제작한		v	**realize**	깨닫다
v	**graduate**	졸업하다		adv	**probably**	아마도

유형 1
What / Why 의문문

두 사람의 대화를 듣고 주어진 What/Why 의문문에 대한 답을 찾는 유형이다.

Where은 장소를, When은 시간을 물어볼 때 쓰이는 의문사이다. 듣기를 시작하기 전 질문에서 요구하는 장소나 시간이 언제인지를 정확히 파악한 후 대화 속에서 답을 찾아야 한다.

표현	예문
❶ What do you think...?	**What do you think about the new teacher?** 새로 오신 선생님에 대해 어떻게 생각하니?
❷ What did...?	**What did Sam sing yesterday?** Sam은 어제 무엇을 노래했니?
❸ Why was/were...?	**Why were you crying?** 너 왜 울고 있었어?
❹ Why should...?	**Why should I do the dishes?** 왜 내가 설거지를 해야하니?

Track C-45

Q

Boy: This movie was a little boring.
Girl: Really? It was so sad that I cried.

Q What does the girl think about the movie?

(A) It's fun.
(B) It's sad.
(C) It's boring.
(D) It's her favorite.

해석

소년: 이 영화는 조금 지루했어.
소녀: 정말? 이 영화 너무 슬퍼서 난 울었어.
질문: 소녀는 이 영화에 대해 어떻게 생각하는가?

(A) 재미있다.
(B) 슬프다.
(C) 재미없다(지루하다).
(D) 그녀가 가장 좋아한다.

풀이 정답 (B)

질문은 "What does the girl think about the movie?"로 영화에 대한 소녀의 생각을 찾아야 한다는 것을 알 수 있다. 소녀의 말에서 "This movie was so sad that I cried."라고 한 것으로 보아 그 영화가 슬펐다는 것을 확인할 수 있으므로 정답은 (B)이다.

Aa 어휘   adj **boring** 재미없는, 지루한   adj **sad** 슬픈

함께 알아두면 좋을 표현

* **Genre**

영화나 소설 등 문예와 관련한 질문에서 장르의 이름을 알아야 풀 수 있는 문제들이 있다. 평소에 다양한 장르의 이름을 익혀두자.

ex **action** 액션 | **comedy** 코미디 | **thriller** 스릴러 | **fantasy** 판타지 | **mystery** 미스터리

Q

Girl: Can you share your textbook for this class? I forgot to bring it.
Boy: Of course. No problem.

Q What did the girl forget to bring?

(A) her book
(B) her pencil
(C) her eraser
(D) her phone

📖 해석

소녀: 우리 이번 수업 때 교과서 같이 봐도 될까? 나 가져오는 걸 까먹었어.
소년: 당연하지. 괜찮아.

질문: 소녀는 무엇을 가져오는 것을 까먹었는가?

(A) 그녀의 책
(B) 그녀의 연필
(C) 그녀의 지우개
(D) 그녀의 핸드폰

💬 풀이   정답 (A)

"I forgot to bring it."에서 소녀는 그것을 가져오는 것을 깜빡했다라고 말하고 있으며 'it'은 교과서를 지칭한다. 교과서를 깜빡했음을 알 수 있으므로 정답은 (A)이다.

Aa 어휘   v **forget** 잊다, 까먹다   v **share** 함께 쓰다   v **bring** 가져오다

n **textbook** 교과서   n **phone** 핸드폰   n **class** 수업, 교실

함께 알아두면 좋을 표현

＊ 수업시간에 사용하는 물품

수업 시간에 사용하는 필기도구나 교구와 같은 명칭을 알아야 풀 수 있는 문제들이 있다.

ex **pencil** 연필 | **eraser** 지우개 | **glue** 풀 | **scissors** 가위 | **ruler** 자 | **chalk** 분필

Q

Boy: Did you hear the picnic was canceled?
Girl: Yes. It's because it will rain tomorrow.

Q   Why was the picnic canceled?

(A) The picnic place is closed.
(B) Teachers are under the weather.
(C) The weather will be bad tomorrow.
(D) Students don't want to go on a picnic.

🔍 해석

소년: 너 소풍 취소되었다는 거 들었어?
소녀: 응. 내일 비가 올거라서 그래.

질문 : 소풍이 왜 취소되었는가?

(A) 소풍 장소가 닫혔다.
(B) 선생님들의 몸이 안 좋다.
(C) 내일 날씨가 안 좋을 것이다.
(D) 학생들이 소풍에 가고 싶어하지 않는다.

💬 풀이   정답 (C)

질문은 "Why was the picnic canceled?"로 소풍이 취소된 이유를 찾아야 한다. 대화 중 소녀가 "It's because it will rain tomorrow."라며 내일 비가 오기 때문에 취소되었다고 말하고 있으므로 정답은 (C)이다.

Aa 어휘

n **picnic** 소풍   adv **tomorrow** 내일   v **cancel** 취소하다

v **rain** 비가 오다

함께 알아두면 좋을 표현

＊ under the weather

'몸이 안 좋다'라는 뜻을 가진 'under the weather'는 몸 상태가 좋지 않을 때 사용하는 표현이다.

ex Let's call it a day. I feel under the weather.
오늘은 이만 끝내자. 나 오늘 몸이 안 좋아.

Q What is the problem?

(A) The service there is bad.

(B) The girl's phone is not working.

(C) The boy's computer broke down.

(D) The after-sales service center is too far.

Q What does the boy want to do?

(A) keep a diary

(B) buy a dream car

(C) sell some products

(D) write a best-selling book

토셀쌤의 문제 풀이 Tip!

2번 문제와 같이 같은 말을 다르게 표현하는 **paraphrasing**을 하는 경우가 있다. '**bestseller**'와 '**best-selling book**'은 **동일한 표현**이다. 같은 의미를 갖고 있어도 다르게 표현하는 경우가 있으니 알아두도록 하자.

Q3

Q Why should she go to the pharmacy?

(A) She has a headache.

(B) She ate spoiled food.

(C) She sprained her ankle.

(D) She is suffering from back pain.

Q4

Q Why are they excited?

(A) They met a close friend.

(B) They saw a cute animal.

(C) They found an ant's nest.

(D) They can meet their aunt.

함께 알아두면 좋을 표현

＊ pound

'pound'라는 단어는 동사로 쓰였을 때 일반적으로 '두드리다, 치다'라는 의미를 가지고 있다. 하지만 3번 문제에 나온 "My head is pounding."처럼 '아프다'라는 뜻으로 쓸 수도 있다. 한 단어가 가진 여러가지 뜻을 익혀두도록 하자.

유형 2
Where / When 의문문

두 사람의 대화를 듣고 주어진 Where/When 의문문에 대한 답을 찾는 유형이다.

Where은 장소를, When은 시간을 물어볼 때 쓰이는 의문사로, 듣기 전 질문에서
요구하는 장소나 시간이 언제인지를 정확히 파악한 후 대화 속에서 답을 찾아야 한다.

표현	예문
❶ Where is/are...?	**Where are my sneakers?** 내 운동화 어딨니?
❷ Where do/does/did?	**Where does she go every morning?** 그녀는 아침마다 어디에 가니? **Where did Alice find her wallet?** Alice는 어디에서 그녀의 지갑을 찾았니?
❸ When will...?	**When will you invite me to your house?** 언제 나를 너의 집으로 초대할 거야?
❹ When do/does/did...?	**When do you graduate?** 너 언제 졸업하니?

Step 1. Example

🎧 Track C-49

Q

Boy: Is my math book in the kitchen?
Girl: Yes, Noah. The one in the living room is mine.

Q Where is Noah's math book?

(A) in the kitchen
(B) in the bedroom
(C) in the living room
(D) in the boy's room

해석

소년: 내 수학책 부엌에 있어?
소녀: 응, Noah. 거실에 있는 건 내 거야.
질문: Noah의 수학책은 어디에 있는가?

(A) 부엌에
(B) 침실에
(C) 거실에
(D) 소년의 방에

풀이 정답 (A)

질문은 "Where is Noah's math book?"으로 'Noah의 수학책'이 있는 장소를 묻고있다. Noah가 자신의 수학책이 부엌에 있냐고 물어보자 소녀가 "Yes, Noah."라고 했으므로 정답은 (A)이다.

Aa 어휘   ⓝ **math** 수학   ⓝ **kitchen** 부엌   ⓝ **living room** 거실

함께 알아두면 좋을 표현

* 집 내부 공간과 관련된 단어

위의 문제에서와 같이 집 내부 공간 이름을 알아야 풀 수 있는 문제들이 있다. 평소에 관련 명칭들을 알아두도록 하자.

ex bathroom 화장실 | balcony 발코니 | study 서재 | laundry room 세탁실

🎧 Track C-50

Q

Girl: I picked up this wallet on the subway.
Boy: You should take it to the Lost and
      Found.

Q Where did the girl pick up the wallet?

(A) on the bus

(B) on a plane

(C) on a street

(D) on a subway

📖 해석

소녀: 나 이 지갑 지하철에서 주웠어.

소년: 너는 그것을 분실물 보관소에 가져다줘야 해.

질문: 소녀는 어디에서 지갑을 주웠는가?

(A) 버스에서

(B) 비행기에

(C) 도로에서

(D) 지하철에서

💬 풀이   정답 (D)

질문은 "Where did the girl pick up the wallet?"으로 소녀가 지갑을 어디에서 주웠는지 묻고있다. "I picked up this wallet on the subway."에서 직접적으로 'subway(지하철)'에서 주웠다고 말하고 있으므로 정답은 (D)이다.

Aa 어휘   phr **pick up** 줍다   n **subway** 지하철   n **Lost and Found** 분실물 보관소

n **wallet** 지갑   v **take** 가지고 가다

함께 알아두면 좋을 표현

✳ **교통수단과 관련된 단어**

교통수단 이름을 알아야 풀 수 있는 문제들이 있으니 평소 교통수단 이름들을 알아두도록 하자.

ex subway 지하철 | train 기차 | bus 버스 | taxi 택시

ship 배 | boat 배 | bicycle 자전거 | on foot 걸어서

Q

M: Let's have a meeting at 6.
W: Alright, I will prepare some drinks.

Q   When will they have a meeting?

(A) at 4 o'clock
(B) at 5 o'clock
(C) at 6 o'clock
(D) at 7 o'clock

📖 해석

남: 우리 6시에 회의합시다.
여: 네, 제가 마실 것들 준비할게요.

질문: 그들은 언제 회의할 것인가?

(A) 4시에
(B) 5시에
(C) 6시에
(D) 7시에

💬 풀이   정답 (C)

질문은 "When will they have a meeting?"으로 몇 시에 회의를 할 예정인지 묻고있다. 남자가 "Let's have a meeting at 6."라고하며 직접적으로 회의 시간을 말하고 있으므로 정답은 (C)이다.

Aa 어휘   n **meeting** 회의   v **prepare** 준비하다   n **drink** 음료, 마실 것

함께 알아두면 좋을 표현

＊ 정확한 시간을 나타낼 때

정확한 시간을 나타낼 때는 전치사 'at'을 사용한다. 시각 뿐만 아니라 때를 나타낼 때도 쓸 수 있다.

ex   at 5'o clock 5시에 │ at 9:15 9시 15분에 │ at noon 정오에 │ at dinnertime 저녁 식사 시간에
at bedtime 잘 시간에 │ at sunset 일몰 때 │ at the moment 그 순간에

Q1

Q Where are they?

(A) a bank

(B) a hospital

(C) a post office

(D) a police station

Q2

Q Where does she want to meet?

(A) a library

(B) a school

(C) a bookstore

(D) a playground

함께 알아두면 좋을 표현

＊ How many ~?

'몇 개'라는 뜻을 가진 'How many'라는 표현은 갯수, 수량을 물어볼 때 사용할 수 있는 표현이다.

ex How many books do you have?   너는 책을 몇 권 가지고 있니?

How many pencils do you need?   너는 연필 몇 자루가 필요하니?

Q3

Q When is the checkout time?

(A) 10 AM

(B) 11 AM

(C) 12 PM

(D) 1 PM

Q4

Q When does summer vacation end?

(A) in May

(B) in June

(C) in July

(D) in August

토셀쌤의 문제 풀이 Tip!

4번 문제처럼 달(month)이 언급 되는 문제들이 있다. 평소에 열두 달의 명칭을 외워두도록 하자.

유형 3
How / Who 의문문

두 사람의 대화를 듣고 주어진 How/Who 의문문에 대한 답을 찾는 유형이다.

How는 방법이나 느낌을 묻거나 가격과 나이를 물어볼 때, Who는 대상을 물어볼 때 사용하는 의문사로, 듣기 전 질문에서 요구하는 방법/수량에 대해 파악하거나 인물을 파악한 후 대화에서 답을 찾아야 한다.

표현	예문
❶ How do/does/did...?	How do you go to school? 너 어떻게 학교에 가니?
❷ How much/many...?	How much money do you have? 너 돈 얼마 가지고 있니? How many shoes does Spencer have? Spencer는 몇 개의 신발을 가지고 있니?
❸ Who is/are...?	Who are the main characters? 주인공들이 누구니?
❹ Who will...?	Who will walk the dog? 누가 개를 산책시킬 거니?

Q

Girl: Excuse me. How much is this notebook?
M: Let me see. It's three fifty.

Q   How much is the notebook?

(A) $2.15
(B) $2.50
(C) $3.15
(D) $3.50

🔍 **해석**

소녀: 실례합니다. 이 노트 얼마인가요?
남: 어디보자. 3달러 50센트야.

질문: 노트는 얼마인가?

(A) 2달러 15센트
(B) 2달러 50센트
(C) 3달러 15센트
(D) 3달러 50센트

💬 **풀이**   정답 (D)

질문은 "How much is the notebook?"으로 공책 가격을 묻고 있다. 남자의 말에서 "It's three fifty."라고 했으므로 정답은 (D)이다.

Aa 어휘   n   **notebook** 공책

함께 알아두면 좋을 표현

* **미국의 동전**

동전 종류는 1¢, 5¢, 10¢, 25¢, 50¢가 있으며 각각 명칭이 있으니 알아두도록 하자.

ex   1 cent - penny | 5 cents - nickel | 10 cents - dime | 25 cents - quarter
50cents- half dollar

Q

Girl: How did you get home yesterday?
Boy: I walked home.

Q　How did the boy get home yesterday?

(A) by taxi
(B) by bus
(C) on foot
(D) by train

📖 해석

소녀: 어제 집에 어떻게 도착했어?
소년: 집에 걸어갔어.

질문: 소년은 어제 집에 어떻게 갔는가?

(A) 택시 타고
(B) 버스 타고
(C) 걸어서
(D) 기차 타고

💬 풀이　　정답 (C)

질문은 "How did the boy get home yesterday?"로 소년이 집에 귀가한 방법(교통수단)에 대해 묻고 있다.
대화 속 소년은 "I walked home."이라고 답하였으므로 정답은 (C)이다.

Aa 어휘 　 phr **get home** 귀가하다 　 phr **on foot** 걸어서 　 n **train** 기차

n **taxi** 택시 　 n **bus** 버스

함께 알아두면 좋을 표현

＊ get + 장소

'~에 도착하다'라고 표현할 때는 'get+장소'를 사용하여 말할 수 있다.

ex　I get to school at 7 every morning. 나는 매일 아침 7시에 학교에 도착한다.
　　We got to the airport early. 우리는 공항에 일찍 도착했다.

Q

Boy: Who's that guy over there?
Girl: He's Jack, a new history teacher.

Q Who is Jack?

(A) a chef
(B) a judge
(C) a soldier
(D) a teacher

해석

소년: 저기 있는 저 남자는 누구야?
소녀: 그는 Jack이야, 새로 오신 역사 선생님이야.

질문: Jack은 누구인가?

(A) 요리사
(B) 판사
(C) 군인
(D) 선생님

풀이   정답 (D)

Jack 이라는 인물이 누구인지에 대해 묻고 있으므로 직업, 상태, 지위, 가족관계 등이 나올 수 있다. 소녀의 말 "He's Jack, a new history teacher."을 통해 Jack이 선생님임을 알 수 있으므로 정답은 (D)이다.

Aa 어휘

n **history** 역사   n **soldier** 군인   n **teacher** 선생님
n **judge** 판사   n **guy** 남자   adj **new** 새로운

함께 알아두면 좋을 표현

✱ 교과 이름

학교에서 배우는 교과명을 알아두도록 하자. 과목명 앞에는 the를 붙이지 않는다는 점도 주의하자.

ex Physical Education(P.E.) 체육 ┃ History 역사 ┃ Mathematics 수학 ┃ Literature 문학
Information Technology(IT) 정보기술 ┃ Geography 지리 ┃ Craft 공예

Q1

Q How long did it take the boy to read the book?

(A) 3 days
(B) 5 days
(C) 3 weeks
(D) 5 weeks

Q2

Q How much is the pencil?

(A) $2
(B) $3
(C) $5
(D) $6

토셀쌤의 문제 풀이 Tip!

'Each'는 '각각'이라는 뜻을 가진 단어이다. 2번 문제에서 'These are 2 dollars each'는 '각 2달러다'라는 의미이다. 문장에 'each'라는 단어가 있을 때 단위나 수에 집중해서 듣도록 하자!

Q3

Q Who will marry Liam?

(A) Liam
(B) Emily
(C) Mason
(D) Nobody

Q4

Q Who probably is Jacob?

(A) Mia's fan
(B) Mia's father
(C) Mia's close friend
(D) Mia's favorite musician

함께 알아두면 좋을 표현

＊ Have you heard of ~?

'Have you heard of ~'는 '~를 들어본 적이 있니?'라는 의미이며, 어떤 대상에 대해 들어본 경험이 있는지 물어볼 때 사용하는 표현이다.

ex Have you heard of a trash island in the ocean? 바다의 쓰레기섬에 대해 들어본 적 있니?

Part C-3 는 이렇게 준비하자!

❶ 긴 담화문과 친해지도록 하자

Part C-3는 일기/ 일상문/이야기/우화 등 긴 지문을 듣고 답하는 유형이다. 때문에 듣는 중에 집중력이 흐려진다거나 혹은 부담스럽게 느껴질 수 있다. 이렇게 긴 지문을 듣고 바로 답을 찾기 위해서는 여러가지 듣기 전략을 사용해야 한다. 첫번째 전략은, 본 교재의 음원을 시작으로 긴 이야기를 끊어 듣고 이해하는 연습, 두번째 전략은, 담화문을 들으면서 동시에 입으로 직접 내뱉는 Shadowing 연습이다.

❷ 육하원칙 중심의 정보에 집중하기

지문을 듣기 전에는 질문과 선택지를 먼저 파악해야 하고, 듣기 중에는 누가, 언제, 무엇을, 어디서, 어떻게, 왜 했는가 하는 정보에 주의를 기울여 들어야 한다. 자신만의 메모, 즉 필요한 부분을 요약해서 적으며 문제를 풀어나가는 것이 중요하다. 또한, 대화가 이루어지고 있는 상황을 머릿속에 그리며 듣는 것도 도움이 된다.

VOCABULARY

adj	**available**	사용 가능한
n	**tool**	도구
n	**fever**	열
n	**emotion**	감정
v	**bake**	굽다
v	**greet**	환영하다
n	**medicine**	약
n	**mistake**	실수

adv	**properly**	제대로
v	**react**	반응하다
v	**realize**	깨닫다
adv	**recently**	최근에
adj	**remaining**	나머지
v	**shout**	소리지르다
v	**realize**	깨닫다
n	**victory**	승리

유형 1
이야기 / 우화

상상력을 발휘하여 만들어진 이야기가 나오는 유형이다.

이야기나 우화는 우리의 일상 생활에서 발생하는 일들과는 다르게 예측이 어렵기 때문에 이야기의 흐름을 잘 따라가야 한다. 또한 대부분의 이야기나 우화는 교훈을 주기 위해 지어지는 경우가 많으므로 결론이 매우 중요하다.

이야기/우화 관련 질문 형태

What did the bird see?
그 새는 무엇을 보았는가?

Why were the cows safe?
소들은 왜 안전했는가?

What happened in the end?
결말에 무슨 일이 일어났는가?

Why did the monkey think, "The sky is falling"?
원숭이가 "하늘이 무너진다" 라고 생각한 이유는 무엇인가?

Which of the following would be the best title for this story?
이 이야기의 제목으로 가장 적절한 것은 어느 것인가?

✅ 중심 소재 파악하기!

문맥을 전체적으로 잘 들으며 중심 소재를 파악하고 흐름을
놓치지 말아야 한다.

✅ 이야기의 교훈과 주제 파악하기!

이야기의 결론에서 중요한 교훈이나 주제가 자주 주어지므로
마지막 부분에 특히 집중해야 한다.

지금부터 문제들을 살펴볼까요?

Q

Adam was a teenage boy who loved spending time with his friends. Every day after school, instead of spending time with his family, he would go over to his best friend's house. But one day, he got in a fight with his friend. The next day, Adam went straight home. He didn't know how his family would react when they saw him but his mother greeted him with open arms. He realized that no matter what, his family would always be on his side.

Q1. What did Adam love doing?

(A) fighting with his family
(B) studying with his friend
(C) spending time with his family
(D) spending time with his friends

Q2. How did Adam's mom react when she saw him?

(A) She cried.
(B) She danced.
(C) She greeted him.
(D) She shouted at him.

🔊 해석 　Text & Question

🎧 Adam은 친구들과 함께 시간을 보내는 것을 무척 좋아하는 청소년이었다. 매일 학교가 끝나면, 가족들과 시간을 보내는 것 대신에, 그의 가장 친한 친구 집에 놀러가고는 했다. 하지만 어느 날, 그는 친구랑 싸웠다. 다음 날, Adam은 곧장 집으로 갔다. 그는 그의 가족들이 그를 보고 어떻게 반응 할 것인지 몰랐지만 어머니는 두 팔을 벌려 그를 맞이했다. 그는 무슨 일이 있더라도 가족은 항상 그의 편이 될 거라는 것을 깨달았다.

Q1. Adam은 무엇을 하는 것을 좋아했는가?

(A) 가족들과 싸우는 것

(B) 친구와 함께 공부하는 것

(C) 가족들과 시간을 보내는 것

(D) 친구들과 시간을 보내는 것

Q2. Adam의 엄마는 Adam을 봤을 때 어떻게 반응했는가?

(A) 그녀는 울었다.

(B) 그녀는 춤을 췄다.

(C) 그녀는 그를 환영했다.

(D) 그녀는 그에게 소리를 쳤다.

💬 풀이 　정답 (D),(C)

Q1. 본문에서 "Adam was a teenage boy who loved spending time with his friends."를 통해 그는 친구들과 시간을 보내는 것을 무척 좋아한다는 사실을 알 수 있으므로 정답은 (D)이다.

Q2. 본문에서 "his mother greeted him with open arms."를 통해 그의 엄마는 그를 환영했다고 알 수 있으므로 정답은 (C)이다.

Aa 어휘

v **realize** 깨닫다	v **greet** 환영하다	phr **spend time with** ~와 시간을 보내다
v **fight** 싸우다	phr **go over** 놀러 가다	v **shout** 소리 지르다
v **react** 반응하다	phr **teenage boy** 청소년	

Q

There were two brothers. They were James and Daniel. One day, their mother asked them to make one chair and one desk. At first, James started making the chair, and Daniel started making the desk. Before long, they both felt it was hard to make the furniture alone. So they decided to do it together. To their surprise, making the furniture became very easy.

Q1. **What did the mother ask James and Daniel to make?**

    (A) one chair and one desk

    (B) one chair and two desks

    (C) two chairs and one desk

    (D) two chairs and two desks

Q2. **According to the passage, how did making the furniture become easy?**

    (A) They used a new tool.

    (B) They did not make any mistakes.

    (C) They made the furniture together.

    (D) They asked for their mother's help.

해석 — Text & Question

두 형제가 있었다. 그들은 James와 Daniel이었다. 어느 날 그의 어머니가 그들에게 의자 하나와 책상 하나를 만들으라고 하셨다. 처음에 James는 의자를 만들기 시작했고 Daniel은 책상을 만들기 시작했다. 얼마 후, 그들은 가구를 혼자 만드는 것이 어렵다고 느꼈다. 그래서 그들은 같이 하기로 결정했다. 놀랍게도 가구 만드는 것이 매우 쉬워졌다.

Q1. 엄마가 James와 Daniel에게 무엇을 만들라고 했는가?

(A) 의자 한 개와 책상 한 개

(B) 의자 한 개와 책상 두 개

(C) 의자 두 개와 책상 한 개

(D) 의자 두 개와 책상 두 개

Q2. 본문에 의하면, 가구 만드는 것이 어떻게 쉬워졌는가?

(A) 그들은 새로운 도구를 사용했다.

(B) 그들은 어떤 실수도 하지 않았다.

(C) 그들은 가구를 같이 만들었다.

(D) 그들은 엄마의 도움을 구했다.

풀이 — 정답 (A), (C)

Q1. 본문에서 "One day, their mother asked them to make one chair and one desk."를 통해 만들라고 한 것들이 의자 한 개와 책상 한 개임을 알 수 있으므로 정답은 (A)이다.

Q2. 본문에서 "So they decided to do it together. To their surprise, making the furniture became very easy. (그래서 그들은 같이 하기로 결정했고 놀랍게도 가구 만드는 것이 매우 쉬워졌다.)"를 통해 같이 만드는 방법으로 가구를 쉽게 만들 수 있었음을 알 수 있으므로 정답은 (C)이다.

Aa 어휘

n	passage	본문		n	tool	도구	phr	ask for …'s help	~의 도움을 구하다
n	furniture	가구		adj	easy	쉬운	phr	to one's surprise	~가 놀랍게도
adv	together	같이		n	mistake	실수			

Q1

 After you listen to the announcement,
read each question and choose the best answer.

Q1. What would be the best title for the story?

(A) An Old Wise Deer

(B) The Real Treasure

(C) A Big Rough Mountain

(D) How to Climb a Mountain

Q2. According to the passage, what is on the top of the mountain?

(A) nothing

(B) a jewelry box

(C) delicious food

(D) a treasure map

Q2

After you listen to the news,
read each question and choose the best answer.

Q1. Which is NOT mentioned about what Olivia and Sophia
did together?

(A) They read books.

(B) They did homework.

(C) They listened to music.

(D) They played basketball.

Q2. How did Olivia understand why Sophia was angry?

(A) Sophia gave Olivia a letter.

(B) Olivia imagined she was Sophia.

(C) Sophia told her about why she was angry.

(D) Olivia heard the reason from another friend.

유형 2
일기 / 일상문

일기나 일상문은 우리 생활에서 자주 발생할 수 있는 내용이므로 비교적 수월하게 들을 수 있다.

중심 소재를 정확히 파악하고 내용의 흐름을 잘 따라간다면 이해하기 쉬운 편에 속한다.
하지만 이야기 곳곳에 나온 다양한 세부 정보를 묻는 질문이 많이 출제되므로 이야기의
전체적 흐름뿐만 아니라 세부 내용도 놓치지 말아야 한다.

일기/일상문 관련 질문 형태

Who is Jeff?
Jeff는 누구인가?

Which is the best title?
무엇이 제목으로 가장 적절한가?

What did Beth buy for her sister?
Beth가 그녀의 언니를 위해서 무엇을 샀는가?

Where are they having the party?
그들은 어디에서 파티를 하고 있는가?

What did Maya NOT do on Sunday?
Maya가 일요일에 한 것이 아닌 것은 무엇인가?

지금부터 문제들을 살펴볼까요?

Q

This morning I woke up with a fever and headache. My mom took me to the doctor's office. The doctor gave me some medicine and told me to stay home. I was happy that I didn't have to go to school today but my body hurt so much. My mom made me soup and told me to sleep all day. Today, I realized that I'd rather go to school than be sick!

Q1. How did the boy feel when he woke up?

(A) He felt sick.

(B) He was sad.

(C) He felt happy.

(D) He was excited.

Q2. What did the boy realize?

(A) He likes being sick.

(B) His mom's soup is the best.

(C) It's better to go to school than be sick.

(D) It feels good to visit the doctor's office.

🔍 해석   Text & Question

🎧 오늘 아침에 나는 열과 두통을 갖고 일어났다. 엄마는 나를 병원으로 데려다줬다. 의사 선생님이 약을 주시면서 나에게 집에 머무르라고 말씀하셨다. 나는 학교에 안 가도 돼서 좋았지만 몸이 너무 아팠다. 엄마가 스프를 만들어 주셨고 하루 종일 잠을 자라고 하셨다. 오늘, 나는 아픈 것보다 학교에 가는 게 낫다는 걸 깨달았다!

Q1. 소년은 일어났을 때 어땠는가?

(A) 그는 아팠다.

(B) 그는 슬펐다.

(C) 그는 행복했다.

(D) 그는 신이 났다.

Q2. 소년은 무엇을 깨달았는가?

(A) 그는 아픈 것을 좋아한다.

(B) 그의 엄마가 만드는 스프가 최고다.

(C) 아픈 것보다 학교에 가는 것이 낫다.

(D) 병원에 가는건 기분이 좋다.

💬 풀이   정답 (A), (C)

Q1. 질문은 "How did the boy feel when he woke up?"로 소년의 상태를 파악하고 찾는 것이 중요하다. 본문을 보면 "I woke up with a fever and headache"으로 몸이 아프다는 것을 알 수 있다. 따라서 (A)가 정답이다.

Q2. 질문은 "What did the boy realize?"으로 소년이 무엇을 깨달았는지 찾는 것이 중요하다. 본문 마지막 문장을 보면 "I realized that I'd rather go to school than be sick!"에서 그는 아픈 것보다 학교 가는 것이 낫다고 생각한다는 것을 알 수 있다. 따라서 (C)가 정답이다.

Aa 어휘

phr	**doctor's office**	(개인)병원	n	**fever**	열	v	**realize**	깨닫다
n	**medicine**	약	n	**soup**	스프	n	**morning**	아침
n	**headache**	두통	v	**sleep**	잠을 자다			

Q

I'm moving to another school tomorrow. I have mixed feelings now. I feel sad because I have to leave my old friends, but at the same time, I'm looking forward to making new friends in my new school. Actually, my sad heart is bigger than my expectations. So It's a sad day today.

Q1. Why does the girl have mixed feelings?

(A) Her friend asked her out.

(B) She graduated from her school.

(C) She will move to another school.

(D) She will move up to the fifth grade.

Q2. Which of the following is true about the girl's emotion?

(A) She feels nothing.

(B) She is happy now.

(C) She feels sad today.

(D) She is annoyed with herself.

해석 Text & Question

나는 내일 다른 학교로 전학 간다. 나는 지금 복잡한 감정을 갖고 있다. 나는 내 오랜 친구들을 떠나야 하기 때문에 슬프지만, 동시에, 새로운 학교에 새로운 친구를 사귈 것이 기대가 된다. 사실은, 내 슬픈 마음은 내 기대보다 크다. 그래서 오늘은 슬픈 날이다.

Q1. 소녀는 왜 복잡한 감정을 느끼고 있는가?

(A) 그녀의 친구가 데이트 신청을 했다.

(B) 그녀는 그녀의 학교에서 졸업했다.

(C) 그녀는 다른 학교로 전학간다.

(D) 그녀는 5학년으로 올라갔다.

Q2. 소녀의 감정으로 알맞는 것은?

(A) 그녀는 아무것도 느끼지 않는다.

(B) 그녀는 지금 행복하다.

(C) 그녀는 오늘 슬프다.

(D) 그녀는 자신에게 짜증이 난다.

풀이 정답 (C), (C)

Q1. "I'm moving to another school tomorrow. I have mixed feelings now."을 통해 다른 학교로 전학을 가기 때문에 복잡한 감정을 느끼고 있음을 알 수 있으므로 (C)가 정답이다.

Q2. 복잡한 감정을 느끼고 있는 소녀가 마지막에 "Actually, my sad heart is bigger than my expectation. So It's a sad day today."라고 말하고 있으므로 결국에 슬픈 감정을 느끼고 있다. 따라서 정답은 (C)이다.

어휘

n **emotion** 감정	phr **annoyed with** 짜증이 나다	phr **mixed feelings** 복잡한 감정	
adj **happy** 행복한	phr **move up to** 승급하다	phr **ask ~ out** ~에게 데이트 신청을 하다	
adj **true** 올바른	v **graduate** 졸업하다		

Q1

 After you listen to the passage,
read each question and choose the best answer.

Q1. Why did the girl buy a new computer?

(A) Her computer was too old.

(B) Her computer was too slow.

(C) She wanted a more expensive one.

(D) She wanted to show off her computer.

Q2. How long did the girl spend looking for the new computer?

(A) 1 hour

(B) 2 hours

(C) 3 hours

(D) 4 hours

Q2

After you listen to the passage,
read each question and choose the best answer.

Q1. What does the boy love to watch?

(A) movies

(B) the river

(C) the mountain

(D) baseball game

Q2. Who is Mia?

(A) His sister

(B) His friend

(C) His mother

(D) His teacher

유형 3
묘사문

묘사문은 학교나 일상 생활에서 자세한 설명이나 절차를 세부적으로 전달하기 위해 쓰여진다.

예를 들어 새로 이사 온 집을 자세히 묘사한다던가, 팬케이크을 만드는 방법을 순서대로 설명하는 묘사문 등이 있다. 따라서 주제나 제목 또는 세부 정보를 묻는 질문들이 많이 나온다.

묘사문 관련 질문 형태

What is being described?
무엇이 묘사되고 있는가?

What does Katie add last?
Katie가 마지막으로 추가한 것은 무엇인가?

Which is not in Shirley's pancake recipe?
다음 중 Shirley의 팬케익 레시피가 아닌 것은?

What does the Holly's new house have?
Holly의 새로운 집에는 무엇이 있는가?

How many books does Bella have?
Bella는 몇 권의 책을 갖고 있는가?

✅ **순서를 표현하는 지칭어 기억하기!**
절차를 설명하는 경우에는 'First, Then, Finally'나 'First, Next, Lastly'와 같은 순서를 가리키는 지칭어를 잘 듣고 순서에 들어간 항목을 잘 기억해야 한다.

✅ **중심 소재와 흐름 파악하기!**
주제/제목 등을 묻는 질문이라면 중심소재를 파악하고 이를 바탕으로 내용을 흐름을 잘 이해해야 한다.

✅ **집중하여 꼼꼼히 듣기!**
세부사항을 묻는 질문이라면 질문의 키워드를 바탕으로 해당 단어나 이와 유사한 말이 나올 것임을 예측하며 문제를 풀어야 한다.

지금부터 문제들을 살펴볼까요?

Q

Lisa recently moved to a new house. The new house has three rooms and two bathrooms. One room is for her parents and the remaining ones are for Lisa and her older brother. The house has a large backyard. Lisa can't wait to play fetch with her dog! It also has a patio where Lisa and her family can eat barbeque. Today, Lisa is going to bake some cookies so she can give them to her new neighbors. Lisa hopes they are nice!

Q1. **How many** rooms does the new house **have**?

(A) two rooms

(B) three rooms

(C) four rooms

(D) five rooms

Q2. **What** will Lisa **do** today?

(A) She is going to clean the house.

(B) She will eat barbeque on the patio.

(C) She is going to play catch with her dog.

(D) She will bake cookies for the neighbors.

🔍 해석　Text & Question

🎧 Lisa는 최근에 새로운 집으로 이사를 했다. 새로운 집에는 방이 세 칸이 있고 화장실은 두 칸이다. 방 하나는 부모님을 위한 방이고 나머지 방들은 Lisa와 Lisa의 오빠 방이다. 그 집은 큰 뒷마당이 있다. Lisa는 그녀의 강아지와 함께 공놀이를 하는 것을 기다릴 수 없다! 그 집은 또한 Lisa와 그녀의 가족들이 바베큐를 먹을 수 있는 테라스도 있다. 오늘 Lisa는 이웃한테 주기 위해 쿠키를 구울 것이다. Lisa는 이웃이 친절하길 바란다.

Q1. 새로운 집에는 방이 몇 칸이 있는가?

(A) 두 칸

(B) 세 칸

(C) 네 칸

(D) 다섯 칸

Q2 Lisa는 오늘 무엇을 할 것인가?

(A) 그녀는 집을 청소할 것이다.

(B) 그녀는 테라스에서 바베큐를 먹을 것이다.

(C) 그녀는 그녀의 강아지와 함께 공놀이를 할 것이다.

(D) 그녀는 이웃을 위해 쿠키를 구울 것이다.

💬 풀이　정답 (B), (D)

Q1. 질문은 "How many rooms does the new house have?"로 새로운 집에 방이 몇 개인지 묻고 있다. "The new house has three rooms"를 통해 새집에는 방이 3개 있다는 것을 알 수 있다. 따라서 정답은 (B)이다.

Q2. 질문은 "What will Lisa do today"로 Lisa는 오늘 무엇을 할 것인가에 대해 묻고 있다. "Today, Lisa is going to bake some cookies so she can give them to her new neighbors."를 통해 Lisa는 이웃에게 주기 위해 쿠키를 구울것이라는 걸 알 수 있다. 따라서 (D)가 정답이다.

Aa 어휘

adv	**recently** 최근에	n	**patio** 테라스	n	**barbeque** 바베큐
n	**parents** 부모님	v	**bake** 굽다	phr	**play fetch** 공놀이를 하다
adj	**remaining** 나머지	n	**backyard** 뒷마당		

Q

Every year, we have a sports day at school in April. Our classmates bought customized team T-shirts for this year's sports day. The front of our uniform shows "THE VICTORY IS" and the back shows "OURS!". Its color is white and bright sky blue and it has a check pattern. The original price for each uniform was 3 dollars, but they cost 2 dollars 50 cents because we got a student discount.

Q1. Why did the students buy the customized team T-shirts?

(A) for sports day
(B) for creating a video
(C) for working clothes
(D) for school uniforms

Q2. How much did the students pay for each T-shirt?

(A) 2 dollars
(B) 2 dollars 50 cents
(C) 3 dollars
(D) 3 dollars 50 cents

해석 Text & Question

매년 4월에 우리는 학교에서 체육대회가 있다. 우리 반 친구들은 운동회날을 위해 맞춤 티셔츠를 구매했다. 우리 유니폼의 앞면에는 "승리는"이라 쓰여있고 뒷면에는 "우리의 것!"이라고 쓰여있다. 색깔은 하얀색과 밝은 하늘색이고 체크무늬이다. 각 유니폼의 정가는 3달러였지만 비용은 2달러 50센트만 들었다. 왜냐하면 학생 할인을 받았기 때문이다.

Q1. 학생들은 왜 맞춤 티셔츠를 샀는가?

(A) 운동회날을 위해

(B) 영상을 만들기 위해

(C) 작업복을 위해

(D) 교복을 위해

Q2. 학생들은 각 셔츠를 얼마에 샀는가?

(A) 2달러

(B) 2달러 50센트

(C) 3달러

(D) 3달러 50센트

풀이 정답 (A), (B)

Q1. "Our classmates bought customized team T-shirts for this year's sports day."를 통해 체육대회를 위해 유니폼을 맞췄음을 알 수 있으므로 정답은 (A)이다.

Q2. "The original price for each uniform was 3 dollars, but they cost 2 dollars 50 cents because we got a student discount."라고 나와 있으므로 정가는 3달러이지만 할인을 받아 2달러 50센트에 구매 했다는 것을 알 수 있다. 따라서 (B)가 정답이다.

Aa 어휘

phr	**sports day** 체육 대회	adj	**bright** 밝은	phr	**student discount** 학생 할인
n	**pattern** 무늬	n	**April** 4월	phr	**school uniform** 교복
adj	**customized** 맞춤제작한	n	**victory** 승리	phr	**original price** 정가

Q1

🎧 After you listen to the passage,
read each question and choose the best answer.

Q1. What is the recipe for?

(A) tomato pasta
(B) creamy pasta
(C) olive oil pasta
(D) chicken pasta

Q2. Which is NOT in the recipe?

(A) stirring the noodles
(B) adding sugar to sauce
(C) heating pasta and sauce
(D) putting water up to boil

Q2

After you listen to the passage,
read each question and choose the best answer.

Q1. What is being advertised?

(A) a window

(B) a cookbook

(C) a refrigerator

(D) a music player

Q2. How much is the product before March 20th?

(A) $1,000

(B) $1,500

(C) $2,000

(D) $2,500

유형 4

공고문은 여러 행사에서의 필수 공지사항이나 일상생활 가운데 흔히 들을 수 있는 일정 공고나 변경 등 익숙한 주제로 출제된다.

공고문은 대게 말하는 순서의 흐름이 동일하게 진행되므로 순서 패턴을 익혀 둔다면 보다 수월하게 필요한 정보를 잘 들을 수 있다.

공고문 관련 질문 형태

When is the event?
행사는 언제인가?

What kind of event is it?
어떤 종류의 행사인가?

How long is the train delayed?
기차가 얼마나 연착되었나?

What is the name of the first performer?
첫번째 연기자의 이름은 무엇인가?

Which platform should the passengers go to?
승객이 가야하는 플랫폼은 무엇인가?

✅ **공고문의 패턴 익히기!**

'행사 주제 소개 → 세부 내용(주의사항, 일정변경 등) →
마무리'로 구성

✅ **주제와 흐름 파악하기!**

공고의 주제를 먼저 파악하여 어떤 행사인지, 듣기가 나올법한
장소는 어디인지, 또는 특히 강조하는 중요 공고가 무엇인지에
귀를 기울여야 한다.

✅ **집중하여 끝까지 듣기!**

일정 변경의 경우 여러 시간과 가능성이 언급되어 혼동하기
쉬우므로 찾아야 하는 정보에 끝까지 집중해야 한다.

지금부터 문제들을 살펴볼까요?

Q

Attention, those here at Fun Kids Amusement Park. Currently, the Fierce Rollercoaster is not functioning properly. It will take two hours to repair the ride. Please take note of this and do not wait in line in front of the rollercoaster. We are sorry for the inconvenience and will fix the ride soon. In the meantime, enjoy your time on the other rides that are available.

Q1. Which ride is not functioning?

(A) the Fox Merry-go-round
(B) the Fierce Rollercoaster
(C) the Family Bumper Cars
(D) the Fireworks Ferris Wheel

Q2. How long will it take to fix the ride?

(A) one hour
(B) two hours
(C) three hours
(D) four hours

📑 해석　Text & Question

🎧 Fun Kids 놀이공원에 계신 모든 분들 주목하세요. 현재 Fierce 롤러코스터가 제대로 작동하지 않습니다. 롤러코스터를 고치는 데 2시간이 걸릴 예정입니다. 이 점을 참고하시고 롤러코스터 앞에서 기다리지 마세요. 불편한 점을 드려서 죄송하고 곧 롤러코스터를 고치겠습니다. 그동안에, 사용 가능한 놀이기구에서 좋은 시간 보내시길 바랍니다.

Q1. 어떤 놀이기구가 작동하지 않는가?

(A) Fox 회전목마
(B) Fierce 롤러코스터
(C) Family 범퍼카
(D) Fireworks 관람차

Q2. 놀이기구를 고치는데 얼마나 걸리는가?

(A) 한 시간
(B) 두 시간
(C) 세 시간
(D) 네 시간

💬 풀이　정답 (B), (B)

Q1. "Currently, the Fierce Rollercoaster is not functioning properly"라고 했으므로 롤러코스터가 작동하지 않는다는 것을 알 수 있다. 따라서 (B)가 정답이다.

Q2. 질문은 "How long will it take to fix the ride?"로 놀이기구를 고치는 데 얼마나 오래 걸리는지 묻고 있다. 본문에서 "It will take two hours to repair the ride"라고 했으므로 2시간이 걸린다는 것을 알 수 있다. 따라서 (B)가 정답이다.

Aa 어휘

n	**attention**	주목	adv	**properly**	제대로	v	**take note** 참고하다
adv	**currently**	현재	v	**function**	작동하다	adj	**available** 사용 가능한
v	**fix**	고치다	n	**inconvenience**	불편함		

Q

Thank you for listening up until now. I will announce the winner of the 7th Speech Contest on Saving Our Earth. The winner is ... Charlotte! Her topic was about how to plant many trees in apartment complexes. Her creative idea impressed all of us. Michael won second place and Noah won third place. Congratulations!

Q1. Who won first prize?

(A) Noah
(B) William
(C) Michael
(D) Charlotte

Q2. What was the winner's topic about?

(A) reusing
(B) recycling
(C) saving water
(D) planting trees

📑 해석　Text & Question

🎧 지금까지 들어주셔서 감사합니다. 이제 제 7회 지구를 구하자 스피치 콘테스트의 우승자를 발표하겠습니다. 우승자는 ... Charlotte입니다! 그녀의 주제는 아파트 단지에 나무를 많이 심는 방법입니다. 그녀의 창의적인 아이디어는 우리 모두에게 감명을 주었습니다. Michael이 준우승했고 Noah가 3등입니다. 축하합니다!

Q1. 누가 일등인가? (우승했는가?)

(A) Noah

(B) William

(C) Michael

(D) Charlotte

Q2. 우승자의 주제는 무엇인가?

(A) 재사용

(B) 재활용

(C) 물절약

(D) 식목 (나무심기)

💬 풀이　정답 (D), (D)

Q1. "The winner is ... Charlotte!"라고 발표했으므로 Charlotte이 일등이다. 따라서 정답은 (D)이다. 본문의 'winner (우승자)'가 'first prize(일등)'으로 바뀌어 표현되었으므로 혼동하지 않도록 주의해야 한다.

Q2. "Her topic was about how to plant many trees in apartment complexes."로 나무를 심는 방법에 대해 연설을 했다는 것을 알 수 있다. 따라서 정답은 (D)이다.

🅰a 어휘

phr	**up until now**	지금까지	phr	**first prize**	일등	phr	**plant trees**	식목하다
v	**announce**	발표하다	adj	**creative**	창의적인	phr	**speech contest**	웅변대회
n	**winner**	우승자	v	**impress**	깊은 인상을 주다			

유형 4 이야기를 듣고 질문에 답하기

Q1

🎧 After you listen to the announcement,
read each question and choose the best answer.

Q1. Where is the announcement being given?

(A) on a bus

(B) on a train

(C) on a plane

(D) in a restaurant

Q2. What is NOT true about the announcement?

(A) Smoking is allowed.

(B) Dinner is beef steak.

(C) Electric devices should be turned off.

(D) The announcement is given in the afternoon.

Q2

After you listen to the news,
read each question and choose the best answer.

Q1. Why is the game cancelled?

   (A) It snowed a lot.

   (B) A tornado is coming.

   (C) The weather is too hot.

   (D) Players had a car accident.

Q2. When is the next baseball game?

   (A) Monday at 4 PM

   (B) Tuesday at 4 PM

   (C) Wednesday at 4 PM

   (D) Thursday at 4 PM

Part D Listen and Speak

Part D 유형설명

유형	세부 내용	문항 수
대화에 알맞은 응답 고르기	1. 상황에 맞는 응답 찾기	각 유형이 골고루 출제됨
	2. 마지막 질문에 알맞은 응답 찾기	
총 2개 유형		총 5문항

DIRECTION

1. 26-30번까지 총 5문항으로 구성됩니다.

2. 대화를 두 번 듣고 대화의 마지막 질문이나 마지막 말 뒤에 이어질 가장 알맞은 응답을 고르는 문항입니다.

3. 대화는 두 번씩 들려주며, 5문항 모두 동일하게 "What's next?"라는 질문과 4개의 선택지만 문제지에 인쇄되어 나옵니다.

Part **D** 는 이렇게 준비하자!

❶ 대화의 흐름을 잘 이해하기

Part D는 두 가지 유형으로, 대화의 마지막 문장이 평서문인 것과 의문문인 것으로 나뉜다. 대화에서 가장 중요한 부분은 마지막 말이나 질문이지만 대화 흐름을 놓치고 마지막 말만 듣는다면 실수할 확률이 높다. TOSEL은 모든 레벨을 통틀어 실용 영어에 초점을 맞추어 출제된다는 사실을 기억해야 한다.

❷ 정답을 혼동시키는 오답 패턴 파악하기

정답은 찾는 것도 중요하지만 어려운 문제일 경우에는 오답을 제거한 후 정답을 찾아 나가는 방법도 있다. 따라서 혼란을 주기위해 등장하는 오답 패턴을 알고 대비해야한다.

Example

Girl: I stopped by the animal center today.
Boy: Did you decide which dog to adopt?
Girl: Yes. Can you help me with this adoption form?

   (A) I want a sip, too.
   (B) I'm going out for dinner.
   (C) My school uniform is wet.
   (D) Sure, is it only one page?

소녀: 오늘 동물 보호 센터에 들렀다 왔어.
소년: 어떤 개를 입양할지 결정한 거야?
소녀: 응. 입양 서류 작성하는 것 좀 도와줄 수 있어?

   (A) 나도 한 모금 마실래.
   (B) 나는 저녁 먹으러 나갈 거야.
   (C) 내 학교 교복이 젖었어.
   (D) 그래, 한 장 뿐이야?

VOCABULARY

adj	**absent**	결석한
v	**become**	~이 되다
v	**bring**	가져오다
v	**check**	확인하다
n	**company**	회사
v	**corner**	모퉁이
adj	**excited**	흥분한, 신이 난
adj	**expensive**	비싼

adv	**forward**	(방향)앞으로
n	**height**	높이, 키
adj	**near**	가까운
adj	**nervous**	불안해하는
v	**order**	주문하다
v	**prepare**	준비하다
v	**receive**	받다
adj	**sore**	따가운

유형 1

상황에 맞는 응답 찾기

대화의 맨 마지막 말에 대한 적절한 대답을 고르는 유형이다.

'상황에 맞는 응답 찾기'라는 제목과 같이 대화의 '상황'을 잘 이해하고 마지막 말에 대한 답을 골라야 한다. 마지막 말이 평서문이므로 말의 의도를 잘 파악해야 한다.

학습 -🔅- 전략

✅ 대화 속 인물의 입장 혼동하지 않기!

혼란을 주기 위해 선택지에서 대화 속 인물의 입장을 바꾸어 놓기도 한다.
자주 보이는 오답 패턴이니 유의하도록 하자.

✅ 내용 정확히 파악하기!

상황과 맥락에 맞는 정답을 찾을 수 있도록 대화를 정확히 듣는 것이
중요하다. 정확히 들어야 매력적인 오답을 피할 수 있다.

Q

Girl: Hey, B.K. How are you doing?

Boy: Good. Do you want to go to the new pizza place?

Girl: Sorry, I have plans with my friends today.

Q What's next?

(A) It is too late for me.

(B) Are you asking me?

(C) What about tomorrow?

(D) The pizza was so good.

해석

소녀: 안녕, B.K. 어떻게 지내고 있어?

소년: 잘 지냈지. 새로 오픈한 피자집에 갈래?

소녀: 미안, 내가 오늘 친구들이랑 약속이 있어.

(A) 그건 나한테 너무 늦어.

(B) 나한테 물어보는거니?

(C) 내일은 어때?

(D) 그 피자 정말 맛있었어.

풀이　　정답 (C)

소년이 소녀에게 "Do you want to go to the new pizza place?"라며 새로운 피자집에 가고 싶냐고 물었고 소녀는 오늘 약속이 있다고 한다. 이에 대해 가장 적절한 대답은 "내일은 어때?"라고 되물은 "What about tomorrow?"이다. 따라서 (C)가 정답이다.

Aa 어휘　　n **place** 장소　　n **plan** 계획

TIP

만났을 때 인삿말로 쓰이는 "How are you doing?"은 "어떻게 지내?"라는 의미로 상대방이 잘 지내고 있는지 물어보는 표현이다.

유형 1 대화에 알맞은 응답 고르기

Q

Boy: Have you heard that there's a zoo camp?

Girl: Yes, I'm so excited to see the penguins.
      Are you going?

Boy: I'm not sure.

Q What's next?

(A) Let me check.

(B) Let's go together.

(C) Let her do it by herself.

(D) Let's meet other campers.

📖 해석

소년: 너 동물원 캠프 있다는 거 들은 적 있어?

소녀: 응, 나는 펭귄 볼 수 있어 너무 기대돼. 너 갈거야?

소년: 나는 잘 모르겠어.

(A) 확인해볼게.

(B) 우리 같이 가자.

(C) 그녀 혼자하게 하자.

(D) 우리 다른 야영객들도 만나자.

💬 풀이　　정답 (B)

대화의 주제는 'zoo camp'로, 소년이 "I'm not sure."라고 하며 참석여부에 대해 결정하지 못했다는 답변을 한다. 이에 대해 가장 적절한 대답은 "Let's go together.(우리 같이 가자)"이므로 정답은 (B)이다.

Aa 어휘

adj	**excited** 흥분한, 신이 난	n	**penguin** 펭귄	n	**zoo** 동물원
v	**check** 확인하다	adv	**together** 함께		
n	**camp** 캠프, 수련회	n	**camper** 야영객		

💡 TIP

'Come'은 '오다'라는 뜻으로, 듣는 사람 혹은 말하는 사람이 있는 곳으로 움직일 때 사용한다. 'Go'는 '가다'라는 뜻으로, 듣는 사람이나 말하는 사람이 있는 곳에서 벗어날 때 사용한다.

Q

Girl: You need help?

Boy: Yes, I'm lost. Where is the nearest subway station?

Girl: Go straight all the way to the corner and turn right.

Q What's next?

(A) Thank you. It's beautiful.

(B) It's okay. I never take the subway.

(C) Go straight and turn right. Thank you.

(D) I'm not sure. You should ask someone else.

해석

소녀: 너 도움이 필요하니?

소년: 응, 나 길을 잃었어. 가장 가까운 지하철역이 어디야?

소녀: 모퉁이까지 쭉 직진해서 우회전해.

(A) 고마워. 아름답다.

(B) 괜찮아. 나는 지하철을 절대 안 타.

(C) 직진해서 우회전. 고마워.

(D) 잘 모르겠어. 너는 다른 사람에게 물어봐야 할 것 같아.

풀이　　정답 (C)

소년이 길을 잃어버린 상황으로 소녀가 "Go straight all the way to the corner and turn right."라고 하며 길을 알려준다. 소년은 소녀가 알려준 길을 정리해서 이야기하며 고맙다고 이야기한다. 따라서 (C)가 정답이다.

Aa 어휘

n	**help** 도움	n	**corner** 모퉁이	n	**subway station**	지하철역
v	**lost** 길을 잃다	v	**turn** 돌다	v	**go straight**	직진하다
adj	**near** 가까운	n	**right** 오른쪽	adj	**beautiful**	아름다운

TIP

길 안내에 대한 문제에서 길을 물어본 사람이 길을 가는 방법을 들은 후 이를 정리해서 다시 이야기 하기도 한다. 이를 참고하면 알맞은 정답을 찾는데 도움이 될 수 있다.

유형 1 대화에 알맞은 응답 고르기

Q1

Q What's next?

(A) Is that your new book?

(B) Do you need my help?

(C) Did you do it by yourself?

(D) Can I borrow your book again?

Q2

Q What's next?

(A) You won't regret it.

(B) The story is very interesting.

(C) The product is too expensive.

(D) You will be a big fan of the team.

토셀쌤의 문제 풀이 Tip!

'What's up?'은 '무슨 일이야?'라는 의미로 '안녕'처럼 쓰이는 일상적인 인사이다. 'How's it going?', 'How are you doing?' 등 친한 사이에서 자주 사용하는 인삿말을 알아두는 것이 좋다.

Q3

🎧

Q What's next?

(A) What do you want to become?

(B) Why do you like playing the piano?

(C) Why didn't you do your homework?

(D) What kind of sandwich do you want?

Q4

🎧

Q What's next?

(A) I don't think that he is strict.

(B) Really? But our school looks too old.

(C) I heard a new teacher will come next week.

(D) Really? I'm looking forward to taking his lecture.

유형 1 대화에 알맞은 응답 고르기

헷갈리기 쉬운 표현 Tip!

* looking forward to ~ing

'looking forward to ~'는 '~을 기대하고 있다'는 의미를 가진 표현이다. 'looking forward to ~' 뒤에 명사 혹은 동사 -ing 형태가 온다는 것을 유의하자.

ex I'm looking forward to swimming practice.   나는 수영 연습을 기대하고 있어.

유형 2
마지막 질문에 알맞은 응답 찾기

대화의 맨 마지막 말에 대한 적절한 대답을 고르는 유형이다.

마지막 질문만을 듣고 답을 찾을 수 있는 문제도 있지만, 대화의 전체적인 상황을 이해해야
답을 수월하게 찾을 수 있다.

학습 💡 전략

✅ **오답 패턴 파악하기!**

대화에서 나온 단어와 발음이 비슷한 단어를 선택지로 제시하여
마치 정답인 것 처럼 혼동을 줄 수 있으니 주의해야 한다.

✅ **선택지 꼼꼼하게 확인하기!**

전체적인 상황에 어울리거나 맥락상 맞는 대답이지만 세부 사항이 틀린
선택지가 오답으로 제시된다. 꼼꼼히 읽어 실수하지 않도록 한다.

Q

Girl: How was your weekend?

Boy: It was fantastic. We went water skiing

at Bonner Lake.

Girl: Why didn't you go bungee jumping?

Q What's next?

(A) It was really fun.

(B) It is a good sport.

(C) I'm happy for you.

(D) I'm afraid of heights.

 해석

소녀: 너 주말 어떻게 보냈어?

소년: 환상적이었어. 우리는 보너호에 수상스키하러 갔어.

소녀: 번지점프는 왜 안했어?

(A) 정말 재미있었어.

(B) 좋은 스포츠야.

(C) 너에게 정말 잘됐다.

(D) 나는 고소공포증이 있어.

💬 풀이   정답 (D)

소녀의 마지막 질문 "Why didn't you go bungee jumping? "에 대한 알맞는 대답을 찾는 문제이다. 번지점프를 못한 이유에 대해 "I'm afraid of heights"라고 하며 고소공포증이 있다고 설명하였다. 따라서 (D)가 정답이다.

Aa 어휘					
n	**water skiing**	수상 스키	n	**bungee jumping**	번지점프
n	**weekend**	주말	phr	**afraid of height**	고소공포증이 있는
adj	**fantastic**	엄청난			

 TIP

주말이 끝나고 주고 받는 인삿말로 "How was your weekend?"가 있다. "주말 어떻게 보냈어?"라는 의미이며 이에 대한 대답으로는 주말의 일과나 사건 혹은 기분등을 이야기 할 수 있다.

Basic Listening & Speaking   163

Q

Q What's next?

W: Are you ready to order?

Boy: Yes, I would like a chicken sandwich and soup, please.

W: Would you like anything to drink?

(A) Can I have a salad?

(B) I'll have orange juice, please.

(C) I'd like a bowl of potato soup.

(D) Could you bring it to me now?

📖 해석

여: 주문하시겠어요?

소년: 네, 치킨 샌드위치랑 수프 주세요.

여: 마실 것은 괜찮으시겠어요?

(A) 샐러드 되나요?

(B) 오렌지 주스 먹을게요.

(C) 감자 수프 한 그릇이요.

(D) 지금 가져와 주실 수 있나요?

💬 풀이　　정답 (B)

대화 내용을 통해 여자는 웨이터, 소년은 손님이며 장소는 식당인 것을 유추할 수 있다. "Would you like anything to drink?"라는 여자의 질문에 어떤 종류의 음료를 원하는지, 혹은 원하지 않는지 대답하는 것이 적절하다. 따라서 오렌지 주스를 언급한 (B)가 정답이다.

 어휘

n	**chicken sandwich**	닭고기 샌드위치	v	**order**	주문하다
n	**orange juice**	오렌지 주스	n	**soup**	수프
n	**potato soup**	감자수프	v	**drink**	마시다

💡 TIP

'I would like ~'는 '~주세요/~하고 싶어요'라는 의미로 상대방에게 원하는 바를 공손하게 요청할 때 사용하는 표현이다. 다른 사람에게 정중하게 요구할 때 사용할 수 있다.

Q

Q What's next?

Girl: Why were you absent yesterday?

Boy: I had a sore throat.

Girl: Are you okay now?

(A) Yes, I like math.

(B) No, you can do it.

(C) No, you look nice.

(D) Yes, I feel much better.

📑 해석

소녀: 너 어제 왜 결석했어?

소년: 나 목감기에 걸렸어

소녀: 지금 괜찮아?

(A) 응, 나는 수학을 좋아해

(B) 아니, 너 할 수 있어.

(C) 아니, 너 멋져보여.

(D) 응, 훨씬 괜찮아.

💬 풀이　　　정답 (D)

소녀는 소년이 목감기걸린 것에 대해 걱정하는 마음으로 "Are you okay now?"라고 질문하고 있다. 이에 대한 적절한 대답은 훨씬 나아졌다고 말하는 "I feel much better."이다. 따라서 정답은 (D)이다.

Aa 어휘

adj **absent** 결석한　　n **sore throat** 목감기　　n **math** 수학

💡 TIP

"**Are you okay now?**"는 "지금은 괜찮아?"라는 의미로 상대방에게 현재 상태가 어떤지 물어보는 표현이다.

유형 2 대화를 듣고 알맞은 응답 고르기

Q **What's next?**

(A) I will send it myself.

(B) I need to arrive at two.

(C) I want to send it by air.

(D) I received it yesterday.

Q **What's next?**

(A) I was looking for you.

(B) I want to be a famous writer.

(C) I was too nervous to say anything.

(D) I should prepare for my job interview.

토셀쌤의 문제 풀이 Tip!

위의 문제에 나온 'down'이라는 단어는 흔히 알고 있는 '아래'라는 뜻이 아닌 '우울한'이라는 뜻이다. 같은 단어이더라도 상황과 문맥에 따라 뜻이 달라지니 유의하도록 하자.

Q3

Q What's next?

(A) I like painting.

(B) It's very windy today.

(B) I work at this company.

(C) It took me about 2 weeks.

Q4

Q What's next?

(A) I am 12 years old.

(B) I've had a headache.

(C) I've been waiting for two hours.

(D) I've had them for almost a week.

헷갈리기 쉬운 표현 Tip!

* **How long ~?**

'How long(얼마나 오래)'은 기간을 물어 볼 때 사용하는 표현이다. 'How long did it take?'와 'How long have you had them?' 처럼 어떤것에 대한 기간을 물어볼 수 있다.

Appendix

A

a lot	많은
acting	n. 연기
actually	adv. 사실
add	v. 추가하다
afraid of	v. 를 무서워하다
after-sales service	n. 애프터서비스
afternoon	n. 오후
again	adv. 다시 또
airline	n. 항공사
apart	adv. 조각조각, 산산이
amazing	adj. 놀라운
angry	adj. 화난
ankle	n. 발목
ant	n. 개미
arrive	v. 도착하다
as usual	평소처럼
aunt	n. 이모/고모

B

back pain	허리통증, 요통
badminton	n. 배드민턴
baggage claim area	수하물 찾는곳
band	n. 밴드
bank	n. 은행
baseball	n. 야구
beautiful	adj. 아름다운
begin	v. 시작하다
bestseller	n. 베스트셀러
best-selling	adj. 가장 많이 팔리는
birthday	n. 생일
black	n. 검정색
boil	v. 끓이다
bookstore	n. 서점
boots	n. 부츠
borrow	v. 빌리다
brand new	adj. 최신의, 갓 나온
break	n. 쉬는 시간
break down	v. 고장나다
break up	v. 헤어지다
burn	v. 타다
buy	v. 구매하다

C

cancel	v. 취소하다
chair	n. 의자
cheap	adj. 저렴한
checkout time	n. 체크아웃 시간
chief	n. 우두머리
city	n. 도시
clean	v. 청소하다
climb	v. 오르다
close	adj. 친한, 가까운
cloud	n. 구름
confident	adj. 자신있는
cook	v. 요리하다
cookbook	n. 요리책
cost	v. 값이 들다
create	v. 만들다
cure	v. 낫게 하다
curly hair	n. 곱슬머리
cute	adj. 귀여운

D

decide	v. 결정하다

delicious	adj. 맛있는
dinner	n. 저녁 식사
direction	n. 방향
disappointed	adj. 실망한
draw	v. 그림 그리다
dream	n. 꿈
drink	n. 마시다

E

each	n. 각각
early	adv. 일찍
electric device	전자기기
electronics	n. 전자 장치
elephant	n. 코끼리
exam	n. 시험
excited	adj. 신이 난
exhausted	adj. 피곤한
expensive	adj. 비싼
experience	n. 경험

F

fail	v. 떨어지다, 낙제하다
famous	adj. 유명한

fan	n. 팬		happen to	우연히 ~하다
far	adv. 멀리		happy	adj. 행복한
favor	n. 부탁		hard	adj. 어려운
favorite	adj. 가장 좋아하는		head	n. 머리
fever	n. 열		headache	n. 두통
filmmaking	n. 영화 제작		hear	v. 듣다
finish	v. 끝내다		heat	v. 데우다
flavor	n. 맛		help	v. 도와주다
flight	n. 항공편, 비행기		hil	n. 언덕
flowing	adj. 흐르는		holiday	n. 휴일
fog light	n. 안개등		homework	n. 숙제
fur	n. 털		hour	n. 시간
G			hurry	v. 서두르다
gaze at	응시하다		**I**	
glad	adj. 기쁜		ice cream	n. 아이스크림
go bad	상하다		impressive	adj. 인상적인
grass	n. 풀		incredibly	adv. 믿을 수 없을 정도로
ground	n. 땅바닥		inside	prep. 안에
guitar	n. (악기)기타		interested in	~에 관심있는
H			interesting	adj. 재미있는
hair	n. 머리카락		interview	n. 인터뷰

J

jealous	adj. 부러운
job interview	면접
join	v. 합류하다

K

keep a diary	일기를 쓰다
kind	adj 친절한
kindness	n. 친절함

L

late	adj. 늦은
leaf	n. 잎사귀
leave	v. 떠나다
lecture	n. 강의
left	adj. 남아있는
library	n. 도서관
listen	v. 듣다
look for	v. 찾다

M

mail	v. 우편물을 보내다
major	adj. 주된
make up with	화해하다
mark	v. 표시하다
marry	v. 결혼하다
math	n. 수학
meat	n. 고기
meet	v. 만나다
meeting	n. 회의
memorable	adj. 기억에 남을만 한
mountain	n. 산
music	n. 음악
mustache	n. 콧수염

N

need	v. 필요하다
nest	n. 둥지
new	adj. 새로운
noodle	n. 면

O

open	v. 개업하다, 열다
order	v 주문하다
outside	adj. 바깥쪽의

P

pain	n. 통증

pan	n. 후라이팬		promise	v. 약속하다
past	adj. 지나간		proud	adv. 자랑스러운
pasta	n. 파스타		put on	(옷을)입다, (신발을)신다
pen	n. 볼펜		put oneself in someone's shoes	남의 입장이 되어 생각하다
pencil	n. 연필		**Q**	
people	n. 사람들		quarrel	n. 말다툼, 불화
pepperoni	n. 페페로니		quarter	n. 15분
pharmacy	n. 약국		question	n. (시험 등에서의)문제
phone	n. 전화기		quietly	adv. 조용히
plan	n. 계획		**R**	
plane	n. 비행기		read	v. 읽다
player	n. 선수		receive	v. 받다, 수령하다
playground	n. 놀이터		recipe	n. 요리법
pot	n. 냄비		recycle	v. 재활용하다
pounding	adj. (머리가) 지끈거림, (가슴이) 쿵쾅거림		refrigerator	n. 냉장고
prepare	v. 준비하다		refund	v. 환불하다
probably	adv. 아마		regret	v. 후회하다
problem	n. 문제		remember	v. 기억하다
product	n. 제품		restaurant	n. 레스토랑
professor	n. 교수님		river	n. 강
program	n. 프로그램		road	n. 도로

robot	n. 로봇	smoke	v. 흡연하다
run	v. 참가하다, 경주하다	smoking	n. 흡연
run out	떨어지다	snow	v. 눈이 오다

S

safe	n. 안전한	solve	v. 풀다
salt	n. 소금	song	n. 노래
salty	adj. 짠	spend	v. 소모하다
scenery	n. 풍경	splash	v. 물을 튀기다
school	n. 학교	spoiled food	상한 음식
scientist	n. 과학자	sprain	v. 삐다
search	v. 검색하다	stand in line	v. 줄을 서다
sell	v. 팔다	start	v 시작하다
semester	n. 학기	stay	v. 머물다
service	n. 서비스	stick together	서로 붙다
shelf	n. 선반	still	adv. 아직
shining	n. 빛나는	stir	v. 젓다
shirt	n. 셔츠	stomachache	n. 복통, 배아픔
show off	v. 과시하다	stop by	가는 길에 들르다
sister	n. 누이(여동생, 언니)	stove	n. 스토브
ski	n. 스키	stressed	adj. 스트레스를 받는
smell	v. 냄새를 맡다	strong	adj. 강한
		study	v. 공부하다

stuff	n. 물건
suffer	v. 고통받다
surprised	adj. 놀란

T

take a nap	낮잠을 자다
take care of	보살펴 주다
take off	이륙하다
tear	v. 찢다
ticket	n. 표
toilet paper	n. 휴지
tomorrow	n. 내일
tonight	n. 오늘 밤
top of the mountain	산정상
tornado	n. 토네이도
town	n. 동네, 마을
train	n. 기차
travel	v. 여행하다
turn off	v. 끄다
turn on	v. 전원을 켜다
twin	n. 쌍둥이

U

understand	v. 이해하다
upset	adj. 속상한

V

violin	n. 바이올린
visit	v. 방문하다

W

wait	v. 기다리다
warning	n. 경고
watch	v. 보다
wear	v. 입다
weather	n. 날씨
weekend	n. 주말
white	n. 흰색
window	n. 창문
wonderful	adj. 훌륭한, 놀라운
work	v. 작동하다
work out	운동하다
worn out	adj. 매우 지친

Y

yesterday	n. 어제

TOSEL
유형분석집

ANSWERS

BASIC

Section I.
Listening & Speaking

국제토셀위원회

TOSEL®
유형분석집

BASIC

정답 및 해설

Part A. Listen and Recognize

⏱ 유형 1-사물, 동물 (p.28)

Step 3. Practice Test

1. Boy: The robot is taking care of the old man.

정답 (A)

해석 소년: 로봇은 할아버지를 보살펴 주고 있다.

풀이 4개의 그림은 모두 로봇과 관련한 그림이다. 따라서 'old man'이라는 단어를 알아듣는 것이 가장 중요하다. (A)의 그림에서 로봇이 할아버지를 보살펴 주고 있으므로 (A)가 정답이다.

Words and Phrases robot 로봇 ┃ take care of 보살펴 주다 ┃

2. Girl: The cat is taking a nap with the dog.

정답 (C)

해석 소녀: 고양이는 강아지와 함께 낮잠을 자고있다.

풀이 4개의 그림은 모두 고양이와 강아지와 관련된 그림이다. 따라서 'take a nap'이라는 표현을 알아듣는 것이 가장 중요하다. 그림 (C)에서 고양이와 강아지가 함께 낮잠을 자고 있으므로 (C)가 정답이다.

Words and Phrases take a nap 낮잠을 자다

3. Boy: There is a lot of stuff on the shelves.

정답 (A)

해석 소년: 선반 위에는 많은 물건들이 있다.

풀이 4개의 그림은 모두 사물들을 보여준다. 따라서 'shelves'라는 단어를 알아듣는 것이 가장 중요하다. 그림 (A)에서 선반 위에 많은 물건들이 있으므로 (A)가 정답이다.

Words and Phrases a lot 많은 ┃ stuff 물건 ┃ shelf 선반

4. Girl: The animal has black-and-white fur.

정답 (A)

해석 소녀: 그 동물은 검정색과 흰색 털이 있다.

풀이 4개의 그림은 모두 동물과 관련된 그림이다. 따라서 'black -and-white'라는 어휘를 알아듣는 것이 가장 중요하다. 그림 (A)에서 판다는 검정색과 흰색 털을 가지고 있으므로 (A)가 정답이다.

Words and Phrases animal 동물 ┃ black 검정색 ┃ white 흰색 ┃ fur 털

⏱ 유형 2-인물, 동작, 직업 (p.34)

Step 3. Practice Test

1. Girl: They are buying some snacks at the snack bar.

정답 (A)

해석 소녀: 그들은 스낵바에서 간식을 사고있다.

풀이 4개의 그림은 각각 다른 동작을 하고 있는 사람들을 보여준다. 'buying'을 통해 무엇인가를 구매하고 있다는 행위와, 이어서 나오는 'snacks'를 통해 간식이라는 정보를 들어야 한다. (D)는 자판기 'vending machine'에서 구매하고 있으므로 오답이다. 그러므로 (A)가 정답이다.

Words and Phrases buy 구매하다

2. Boy: The man with the mustache and brown hair is our teacher.

정답 (C)

해석 소년: 콧수염과 갈색 머리를 가진 남자가 우리의 선생님이다.

풀이 4개의 그림은 각각 다른 남자를 보여준다. 따라서 본문이 묘사하는 특징들을 잘 들어야야 한다. 'mustache'와 'brown hair'를 통해 정답이 (C)라는 것을 알 수 있다.

Words and Phrases mustache 콧수염

3. Girl: I'm proud of my father. He cures the sick.

정답 (B)

해석 소녀: 나는 아빠가 자랑스러워. 그는 아픈 사람을 낫게 해줘.

풀이 4개의 그림은 각각 다른 직업을 나타낸다. 따라서 해당 직업이 하는 일을 잘 표현한 동사를 들어야 한다. 'cures'에서 '~를 낫게 해주다'라는 의미를 통해 아빠의 직업은 의사라는 것을 알 수 있다. 그러므로 (B)가 정답이다.

Words and Phrases proud 자랑스러운 ┃ cure 낫게 하다

4. Boy: Many people are standing in line.

정답 (A)

해석 소년: 많은 사람들은 줄을 서 있어.

풀이 4개의 그림은 사람들이 모여있는 다른 장소들을 보여준다. 따라서 사람들의 행동을 잘 나타내는 동사를 들어야 한다. 'standing in line'이라는 표현을 통해 사람들이 줄을 서 있다는 것을 알 수 있다. 따라서 정답은 (A)이다.

Words and Phrases people 사람들 | stand in line 줄을 서다

⏱ 유형 3-장소, 위치 (p.40)

Step 3. Practice Test

1. Boy: I'm really excited to see the motor show!

정답 (A)

해석 소년: 나는 모터 쇼를 볼 수 있어서 정말 신이났어!

풀이 4개의 그림은 각각 다른 장소를 보여준다. 따라서 듣기에서 언급하는 장소를 주의깊게 들어야한다. 'motor show'는 모터쇼로 그림 (A)가 가장 알맞다.

Words and Phrases excited 신이 난다 | motor show 모터쇼

2. Girl: Look! There is a beautiful tree on the hill.

정답 (B)

해석 소녀: 봐! 저 언덕 위에 아름다운 나무가 있어.

풀이 4개의 그림은 각각 다른 풍경을 보여준다. 따라서 듣기에서 언급하는 풍경을 주의깊게 들어야한다. 문제에 'tree'와 'hill'이 나왔으므로 (B)가 정답임을 알 수 있다.

Words and Phrases hill 언덕

3. Boy: Where are you? I'm waiting in the baggage claim area.

정답 (B)

해석 소년: 너는 어디에 있어? 나는 수하물 찾는 곳에서 기다리고 있어.

풀이 4개의 그림 속 장소는 모두 공항 내부 모습이다. 'baggage claim'은 수하물 찾는 곳이라는 의미로 (A)가 가장 알맞다.

Words and Phrases wait 기다리다 | baggage claim area 수하물 찾는 곳

4. Girl: Their acting is wonderful!

정답 (A)

해석 소녀: 그들의 연기는 훌륭해!

풀이 4개의 그림 속 장소는 각각 다르다. 따라서 듣기에서 언급하는 장소를 주의깊게 들어야 한다. 'acting'이라는 단어를 통해 연극을 보고 있다는 것을 추측할 수 있다.그러므로 (A)가 정답이다.

Words and Phrases acting 연기

⏱ 유형 4-날씨, 시간, 숫자, 금액 (p.46)

Step 3. Practice Test

1. Girl: It's really hot outside, so wear light clothes.

정답 (D)

해석 소녀: 밖이 엄청 더워, 그러니까 얇게 입어.

풀이 그림은 서로 다른 날씨를 나타내고 있다. 듣기에서 'hot'와 'light clothes'를 언급했으므로 (D)가 정답임을 알 수 있다.

Words and Phrases outside 밖 | wear 입다 |

2. Boy: We ordered half cheese half pepperoni pizza but it's too salty.

정답 (D)

해석 소년: 치즈 반 페페로니 반 피자를 주문했는데 너무 짜다.

풀이 그림은 서로 다른 피자를 나타내고 있다. 듣기에서 'half cheese half pepperoni'라고 언급했으므로 (D)가 정답임을 알 수 있다.

Words and Phrases order 주문하다 | pepperoni 페페로니 | salty 짠

3. Girl: We have a meeting at quarter past ten.

정답 (C)

해석 소녀: 우리는 10시15분에 회의가 있어.

풀이 그림은 서로 다른 시간을 나타내고 있다. 듣기에서 'quarter past ten'을 언급했으므로 (C)가 정답임을 알 수 있다.

4. Boy: The ticket to ABC Music Awards is 4 dollars.

정답 (A)

해석 소년: ABC 음악 어워드 티켓은 4달러입니다.

풀이 그림은 서로 다른 금액의 티켓을 나타내고 있다. 듣기에서 '4 dollars'를 언급했으므로 (A)가 정답임을 알 수 있다.

Words and Phrases ticket 티켓

Part B. Listen and Respond

유형 1~정보 전달 (p.56)

Step 3. Practice Test

1. Girl: How many chairs do you need?
Boy: _____.
(A) I want a new pen.
(B) I need you at two.
(C) I need ten of them.
(D) I want a lot of meat.

정답 (C)

해석 소녀: 의자가 몇개 필요하니?
소년: _____.
(A) 나는 새로운 볼펜을 원해.
(B) 나는 2시에 너가 필요해.
(C) 나는 10개가 필요해.
(D) 나는 많은 고기를 원해.

풀이 'How many~'와 'need'를 제대로 들었다면 알맞은 대답을 찾는데 큰 도움이 될 수 있다. "의자가 몇 개 필요하니?"에 대한 대답으로 "I need ten of them."이라는 대답이 가장 자연스럽다. 따라서 (C)가 정답이다.

Words and Phrases chair 의자 | need 필요하다 | want 원하다 | pen 볼펜 | meat 고기

2. Girl: Should I add some salt on this?
Boy: _____.
(A) Yes, it tastes good.
(B) No, it's very cheap.
(C) Yes, it has gone bad.
(D) No, it's already salty.

정답 (D)

해석 소녀: 이거에 소금을 조금 뿌릴까?
소년:
(A) 응, 그것은 맛이 좋아.
(B) 아니, 그것은 매우 저렴해.
(C) 응, 그것은 상했어.
(D) 아니, 그것은 이미 짜.

풀이 'Should I~'와 'salt'를 제대로 들었다면 알맞은 대답을 찾는데 큰 도움이 될 수 있다. "이거에 소금을 조금 뿌릴까?"에 대한 대답으로 "No, it's already salty."가 가장 자연스러운 답이다. 따라서 정답은 (D)이다.

Words and Phrases salt 소금 | cheap 저렴한 | salty 짠 | go bad 상하다

3. Boy: What will you do this weekend?
Girl: _____.
(A) I did my hair.
(B) I have no plans.
(C) I will be a scientist.
(D) I am afraid of water.

정답 (B)

해석 소년: 이번 주말에 뭐할 거니?
소녀: _____.
(A) 나는 머리를 했어.
(B) 나는 계획이 없어.
(C) 니는 과학자가 될 기야.
(D) 나는 물을 무서워 해.

풀이 'What will you do~'와 'weekend'을 제대로 들었다면 알맞은 대답을 찾는데 큰 도움이 될 수 있다. "이번 주말에 뭐할거니?"에 대한 대답으로 "I have no plans."가 가장 자연스러운 답이다. 따라서 (B)가 정답이다.

Words and Phrases weekend 주말 | hair 머리카락 | plan 계획 | scientist 과학자 | afraid of~ ~를 무서워 하다

4. Girl: I happened to meet Noah yesterday. He
        looked exhausted.
    Boy: _____.
    (A) Where were you going?
    (B) Where did you meet him?
    (C) Where did you buy the meat?
    (D) Where were you playing the piano?

정답 (B)

해석 소녀: 나는 어제 우연히 Noah를 만났어. 그는 피곤해 보이더라.
    소년: _____.
    (A) 너는 어디로 가고 있었어?
    (B) 너는 그를 어디서 만났어?
    (C) 너는 그 고기를 어디서 구매했어?.
    (D) 너는 피아노를 어디에서 치고 있었어?

풀이 'I happened to~' 'meet Noah'를 제대로 들었다면 알맞은
    대답을 찾는데 큰 도움이 될 수 있다. "나는 어제 우연히 Noah를
    만났어"에 대한 대답으로 "Where did you meet him?"이
    가장 자연스러운 정답이다. 따라서 (B)가 정답이다.

Words and Phrases happen to ~우연히 | exhausted 피곤한

⏱ 유형 2–의견 전달 (p.62)

Step 3. Practice Test

1. Girl: How was summer camp?
    Boy: _____.
    (A) They never get a break.
    (B) The new teacher is strict.
    (C) Next semester starts soon.
    (D) It was a memorable experience.

정답 (D)

해석 소녀: 여름 캠프 어땠어?
    소년: _____.
    (A) 그들은 쉬는 시간이 없어.
    (B) 새로운 선생님은 엄격해.
    (C) 다음 학기는 곧 시작해.
    (D) 기억에 남을 만한 경험이었어.

풀이 "How was summer camp?"라고 하며 여름 캠프가
    어땠는지 물어보고 있다. 이에 대한 대답으로 "It was a
    memorable experience."가 가장 알맞으므로 (D)가 정답이다.

Words and Phrases break 쉬는 시간 | strict 엄격한 |
                   semester 학기 | memorable 기억에
                   남을 만한 | experience 경험

2. Boy: I don't think I can solve this math question.
    Girl: _____.
    (A) I am good at drawing.
    (B) I can help you with that.
    (C) I wake up early every morning.
    (D) I am going to study math tonight.

정답 (B)

해석 소년: 내 생각에는, 나는 이 수학 문제를 못 풀 것 같아.
    소녀: _____.
    (A) 나는 그림을 잘 그려.
    (B) 내가 도와줄 수 있어.
    (C) 나는 매일 일찍 일어나.
    (D) 나는 오늘 밤에 수학 공부를 할거야.

풀이 'I think~'는 의견을 나타내는 표현이다. 소년은 수학 문제를
    못 풀 것 같다고 말했고 이에 대한 대답으로 "I can help you
    with that"이 가장 알맞으므로 (B)가 정답이다.

Words and Phrases solve 풀다 | math 수학 | question
                   문제 | draw 그림 그리다 | help 도와주다
                   | early 일찍 | tonight 오늘 밤

3. Girl: Do you want some ice cream?
    Boy: _____.
    (A) Yes, where will you go?
    (B) Yes, what flavor is that?
    (C) Yes, when is Jina's birthday?
    (D) Yes, how did you cook the pasta?

정답 (B)

해석 소녀: 아이스크림 좀 줄까?
    소년: _____.
    (A) 응, 너는 어디로 갈 거야?
    (B) 응, 저건 무슨 맛이야?
    (C) 응, Jina 생일이 언제야?
    (D) 응, 파스타를 어떻게 요리했어?

풀이 "Do you want some ice cream?"이라고 하며 아이스크림을
    원하는지 물어보고 있다. 이에 대한 대답으로 "Yes, what
    flavor is that?"이 가장 알맞으므로 (B)가 정답이다.

Words and Phrases ice cream 아이스크림 | flavor 맛 |
birthday 생일 | cook 요리하다 |
pasta 파스타

4. Boy: When should we start preparing the program?
   Girl: _____.
   (A) I think it is so expensive.
   (B) I think he likes the program.
   (C) I think I should start working out.
   (D) I think we should begin it next week.

정답 (D)

해석 소년: 우리는 프로그램을 위한 준비를 언제 시작할까?
   소녀: _____.
   (A) 나는 그것이 매우 비싸다고 생각해.
   (B) 나는 그가 그 프로그램을 좋아한다고 생각해.
   (C) 나는 운동을 시작해야 될 것 같아.
   (D) 나는 우리가 그것을 다음주에 시작해야 된다고 생각해.

풀이 'When should we start~'는 언제 시작할지 물어볼 때 사용
   할 수 있는 표현이다. "When should we start prepareing
   the program?"은 언제 프로그램 준비를 시작할지 물어보는
   질문으로 이에 대한 대답으로 "I think we should begin it
   next week."가 가장 알맞다. 따라서 (D)가 정답이다.

Words and Phrases start 시작하다 | prepare 준비하다 |
program 프로그램 | expensive 비싼 |
work out 운동하다 | begin 시작하다

🕐 유형 3-감정 전달 (p.68)
Step 3. Practice Test

1. Boy: Are you prepared for the interview?
   Girl: _____.
   (A) Yes, I'm ready to run.
   (B) Yes, I'm feeling confident.
   (C) Yes, I've finished my homework.
   (D) Yes, I'm interested in filmmaking.

정답 (A)

해석 소년: 인터뷰 준비 다 됐어?
   소녀: _____.
   (A) 응, 난 준비 됐어.
   (B) 응, 난 자신있어.
   (C) 응, 난 숙제를 끝냈어.
   (D) 응, 난 영화 제작에 관심이 있어.

풀이 준비가 다 되었는지 물어보기 위해 'Are you prepared~'라고
   말하고 있다. 이에 대해 "Yes, I'm ready to run."이라고
   대답하고 있는 (A)가 정답이다.

Words and Phrases prepare 준비하다 | interview 인터뷰 |
run 참가하다, 경주하다 | confident
자신 있는 | finish 끝내다 | homework
숙제 | interested in~ ~에 관심 있는 |
filmmaking 영화 제작

2. Girl: I failed the exam.
   Boy: _____.
   (A) Congratulations!
   (B) Really? I'm so jealous!
   (C) Don't be so disappointed.
   (D) Thank you for your kindness.

정답 (C)

해석 소녀: 나는 시험을 망쳤어.
   소년: _____.
   (A) 축하해!
   (B) 정말? 부러워!
   (C) 너무 실망하지마.
   (D) 친절하게 대해줘서 고마워.

풀이 시험을 망쳤다는 표현으로 "I failed the exam."이라고 말하고
   있다. 이에 대해 실망하지 말라는 표현으로 "Don't be so
   disappointed."가 가장 알맞으므로 (C)가 정답이다.

Words and Phrases fail 낙제하다 | exam 시험 | jealous 부러운
| disappointed 실망한 | kindness 친절함

3. Boy: I'm Ethan. I've just started working here.
   Girl: _____.
   (A) I wish you a happy holiday.
   (B) I'm afraid it will rain tomorrow.
   (C) I started to read the book, too.
   (D) Welcome! I'm glad you have joined us.

정답 (D)

해석 소년: 나는 Ethan이야. 여기서 막 일을 시작했어.

소년: _____.

(A) 행복한 휴일을 보내길 바라.

(B) 내일 비가 올 것 같아.

(C) 나도 그 책을 읽기 시작했어.

(D) 환영해! 너가 합류하게 되어서 기뻐.

풀이 여기서 일을 막 시작했다는 표현으로 "I've just started working here."라고 말하고 있다. 이에 대해 환영한다고 말하고 있는 "Welcome! I'm glad you have joined us."가 가장 알맞으므로 (D)가 정답이다.

Words and Phrases happy 행복한 | holiday 휴일 | glad 기쁜 | join 합류하다

4. Girl: He gave us too much homework!

Boy: _____.

(A) Yes, he is kind.

(B) Yes, I feel stressed.

(C) Yes, I'm hungry, too.

(D) Yes, he loves studying.

정답 (B)

해석 소녀: 그는 우리에게 숙제를 너무 많이 줬어!

소년: _____.

(A) 응, 그는 착해.

(B) 응, 나는 스트레스 받아.

(C) 응, 나도 배고파.

(D) 응, 그는 공부하는 것을 좋아해.

풀이 "He gave us too much homework!"라고 하며 숙제가 너무 많다고 불평하고 있다. 이에 대해 동의하는 "Yes, I feel stressed."라는 표현이 가장 적절하므로 (B)가 정답이다.

Words and Phrases kind 친절한 | stressed 스트레스를 받는 | hungry 배고픈 | study 공부하다

⏱ 유형 4-문제 제기 (p.74)

Step 3. Practice Test

1. Girl: I can smell something burning.

Boy: _____.

(A) I'm burned out.

(B) It smells delicious!

(C) I want something to drink.

(D) Gosh! I forgot to turn off the stove.

정답 (D)

해석 소녀: 탄 냄새가 나는거 같아.

소년: _____.

(A) 나는 피곤해.

(B) 맛있는 냄새 나!

(C) 나는 마실 것을 원해.

(D) 이런! 나는 스토브를 끄는 것을 깜빡했어!

풀이 소녀가 탄 냄새가 난다고 말하고 있다. 소녀의 말에 "이런! 나는 스토브를 끄는 것을 깜빡했어!"가 가장 자연스러우므로 (D)가 정답이다.

Words and Phrases smell 냄새를 맡다 | burn 타다 | delicious 맛있는 | drink 마시다 | turn off 끄다 | stove 스토브

2. Boy: This copy machine is not working. Could you help me?

Girl: _____.

(A) Help yourself.

(B) So far, so good.

(C) Nothing special.

(D) Sure. No problem.

정답 (D)

해석 소년: 이 복사기가 작동이 안돼. 나를 좀 도와줄 수 있겠니?

소녀: _____.

(A) 맘껏 먹어.

(B) 아직까지 괜찮아.

(C) 특별한건 없어.

(D) 그래. 문제 없어.

풀이 소년은 복사기가 작동이 되지 않아 소녀에게 도움을 요청하고 있다. 소년의 요청에 "그래. (도와주는 것은) 문제 되지 않아."가 가장 적절한 대답이므로 (D)가 정답이다.

Words and Phrases copy machine 복사기

3. Girl: You look worn out.

Boy: _____.

(A) I like your shirt.

(B) I want you to stay.

(C) **I stayed up all night.**

(D) I went out for dinner.

정답 (C)

해석 소녀: 너 피곤해 보여.

소년: _____.

(A) 너의 셔츠가 마음에 들어.

(B) 나는 네가 머물렀으면 좋겠어.

(C) **나는 밤을 샜어.**

(D) 나는 저녁식사 약속을 나갔어.

풀이 소녀가 소년에게 피곤해 보인다고 말을 하고 있다. 소녀의 말에 대해 "나는 밤을 샜어."라고 말하는 것이 가장 적절하므로 (C)가 정답이다.

Words and Phrases worn out 매우 지친 | stay 머물다 | dinner 저녁식사

4. Boy: Why is he crying?

Girl: _____.

(A) He created an app.

(B) He is playing the violin.

(C) **He broke up with Emma.**

(D) He loves climbing mountains.

정답 (C)

해석 소년: 그는 왜 울고 있어?

소녀: _____.

(A) 그는 앱을 만들었어.

(B) 그는 바이올린을 연주하고 있어.

(C) **그는 Emma와 헤어졌어.**

(D) 그는 등산하는 것을 좋아해.

풀이 그 소년이 왜 울고 있는지 물어보고 있는 상황이다. 울고 있는 이유로 "그는 Emma와 헤어졌어."가 가장 적절하므로 (C)가 정답이다.

Words and Phrases create 만들다 | violin 바이올린 | break up 헤어지다 | climb 올라가다

유형 5-제안/요청/명령 (p.80)

Step 3. Practice Test

1. W: Please do not leave us.

M: _____.

(A) I live in Seoul.

(B) **Sorry, but I have to.**

(C) Of course, I will leave it here.

(D) Many leaves are on the ground.

정답 (B)

해석 여자: 제발 우리를 떠나지마.

남자: _____.

(A) 나는 서울에 살아.

(B) **미안해, 하지만 난 떠나야해.**

(C) 당연하지, 나는 그것을 여기에 둘게.

(D) 바닥에 낙엽이 많이 떨어져 있다.

풀이 여자가 남자에게 떠나지말라고 말하고 있다. 이에 대해 남자의 답변으로 "미안해, 하지만 난 떠나야 해."가 가장 적절하므로 (B)가 정답이다.

Words and Phrases leave 떠나다 | leaf 잎사귀 | ground 땅바닥

2. Boy: May I ask you a favor?

Girl: _____.

(A) How much is it?

(B) **How can I help you?**

(C) She is a famous singer.

(D) Ginger is a popular tea flavor.

정답 (B)

해석 소년: 부탁 하나 해도 될까요?

소녀: _____.

(A) 얼마인가요?.

(B) **어떻게 도와드릴까요?**

(C) 그녀는 유명한 가수이다.

(D) 생강은 인기 있는 티 맛이다.

풀이 소년이 소녀한테 부탁 하나 해도 괜찮은지 물어보고 있다. 이에 대해 소녀의 답변으로 "어떻게 도와드릴까요?"가 가장 적절하므로 (B)가 정답이다.

Words and Phrases favor 부탁 | famous 유명한 | singer 가수 | popular 인기 있는 | flavor 맛

3. Girl: We shouldn't be late again.
   Boy: _____.
   (A) No, I won't.
   (B) Yes, you can.
   (C) Yes, let's hurry!
   (D) No, don't be so upset.

정답 (C)

해석 소녀: 우리 다시 늦으면 안돼.
   소년: _____.
   (A) 아니, 난 안 그럴거야.
   (B) 응, 넌 할 수 있어.
   (C) 응, 우리 서두르자.
   (D) 아니, 속상해 하지마.

풀이 소녀가 소년에게 늦으면 안된다고 말하고 있는 상황이다.
   이에 대해 소년의 답변으로 "응, 우리 서두르자."가 가장
   적절하므로 (C)가 정답이다.

Words and Phrases late 늦은 | hurry 서두르다 | upset
   속상한

4. Boy: Do we need to buy some toilet paper?
   Girl: _____.
   (A) Yes, we need some milk.
   (B) Yes, we have run out of it.
   (C) Yes, we have to clean the toilet.
   (D) Yes, we should recycle the paper.

정답 (B)

해석 소년: 우리 휴지 필요해?.
   소녀: _____.
   (A) 응, 우리 우유 필요해.
   (B) 응, 우리 그것이 다 떨어졌어.
   (C) 응, 우리는 변기를 청소해야해.
   (D) 응, 우리는 종이를 재활용해야 해.

풀이 소년이 소녀에게 휴지를 사야되는지 물어보고 있는 상황이다.
   이에 대해 소녀의 대답은 "응, 우리 그것이 다 떨어졌어."라고
   하는 것이 가장 적절하므로 (B)가 정답이다.

Words and Phrases toilet paper 휴지 | run out 떨어지다 |
   clean 청소하다 | recycle 재활용하다

Part C-1. Listen and Retell

⏰ 유형 1-인물, 동작, 사물, 동물, 음식 (p.90)

Step 3. Practice Test

1. Boy: Wow! This is amazing!
   Girl: Yeah, it snowed a lot. Let's go put on our ski
   boots.

Q. Where are the boy and the girl?

정답 (C)

해석 소년: 와우! 놀라워!
   소녀: 맞아, 눈이 많이 내렸어. 우리 스키 부츠를 신으러 가자.

Q. 소년과 소녀는 어디에 있는가?

풀이 질문은 'Where(어디)'에 'boy and girl(소년과 소녀)'이
   있는지 묻고있다. 장소에 대한 특징과 설명을 정확히 들어야
   한다. 'Snow(눈)'과 'ski boots(스키부츠)'를 언급하고
   있으므로 (C)가 정답이다.

Words and Phrases amazing 놀라운 | snow 눈이 내리다 |
   put on 신다 | ski 스키 | boots 부츠

2. Girl: I like this song.
   Boy: Yeah. I'll play this song on my guitar with a
   band tonight.

Q. What will the boy do tonight?

정답 (A)

해석 소녀: 나 이 노래 좋아.
   소년: 맞아. 나는 오늘 밤 이 노래를 밴드와 함께 기타로 칠거야.

Q. 소년은 오늘 밤 무엇을 할 것인가?

풀이 질문은 'What(무엇)'을 소년이 'tonight(오늘 밤)'에 할
   것인지 묻고 있다. 우선 'song'에 대해 언급하고 있으므로
   음악에 관련한 대화를 하고 있다는 것을 알 수 있고 'I'll play
   this song on my guitar ... tonight'를 통해 소년이 오늘
   밤 기타를 연주할 것을 알 수 있으므로 (A)가 정답이다.

Words and Phrases tonight 오늘 밤 | song 노래 | guitar
   기타 | band 밴드

3.	Boy: Look at that! The baby elephant is splashing
		water.
	Girl: Yes, he looks so excited.

Q. What is the elephant doing?

정답 (A)

해석 소년: 저거봐! 아기 코끼리가 물을 뿌리고 있어.
		소녀: 맞아. 그는 정말 신이나 보여.

Q. 코끼리는 무엇을 하고 있는가?

풀이 질문은 'What(무엇)'을 'elephant(코끼리)'가 '하고 있는지
		묻고 있다. 먼저 'elephant'를 언급하는 문장에 집중해야 하며
		어떤 동작을 하고 있는지 정확하게 들어야 한다. 물을 뿌리고
		있는 코끼리의 모습을 묘사하고 있는 그림 (A)가 정답이다.

Words and Phrases elephant 코끼리 | splash 물을 튀기다 |
		excited 신이 난

4.	Girl: Is this your family photo? Who's your sister?
	Boy: They're twins and both have curly hair.

Q. What do the boy's sisters look like?

정답 (A)

해석 소녀: 이거 너 가족사진이야? 누가 네 언니/여동생이야?
		소년: 그들은 쌍둥이이고 둘 다 곱슬머리야.

Q. 소년의 누이는 어떻게 생겼는가?

풀이 'What do ... look like'는 어떻게 생겼는지 외모를 물어볼 때
		사용하는 표현이다. 소년의 'sister(누이)'가 어떻게 생겼는지
		묘사하는 답을 찾아야 한다. 'twin(쌍둥이)' 즉, 두 명의 누이가
		있으며 'both have curly hair' 둘 다 곱슬머리라고 설명하고
		있으므로 (A)가 정답이다.

Words and Phrases sister 누이(여동생/언니) | twin 쌍둥이 |
		curly hair 곱슬머리

⏱ 유형 2-날씨, 시간, 수 (p.96)

Step 3. Practice Test

1.	Boy: What time is your flight?
	Girl: 7:30. There are still two hours left.

Q. What time is it now?

정답 (B)

해석 소년: 네 비행기 몇시야?
		소녀: 7시 30분. 아직 2시간 남았어.

Q. 지금은 몇시인가?

풀이 질문은 "What time is it now?"로 현재 시각을 묻고 있다.
		4개의 그림은 모두 다른 시간을 가리키고 있으므로 대화에서
		시간 표현을 듣는 것이 중요하다. 소녀가 비행기 시간은 7시
		30분이며 아직 2시간이 남았다고 하였으므로 현재 시간은
		5시30분이며 (B)가 정답이다. 소녀가 언급한 시간 7시 30분은
		현재 시간이 아닌 비행 이륙시간으로 (C)는 오답이니 혼동하지
		않도록 주의해야 한다.

Words and Phrases flight 항공편, 비행기 | still 아직 | hour
		시간 | left 남아있는

2.	Girl: It's very foggy. Be careful driving
	M: Yes. We must turn on fog lights.

Q. What's the weather like on the road?

정답 (A)

해석 소녀: 안개가 짙네. 운전 조심히 해.
		남자: 맞아. 우리 안개등을 켜야해.

Q. 도로 위 날씨가 어떠한가?

풀이 질문은 "What's the weather like on the road?"로 현재
		도로 위의 날씨 상황을 묻고 있다. 4개의 그림은 각자 다른
		날씨 상황을 나타내고 있으므로 대화를 들으면서 날씨를
		표현하는 단어를 듣고 기억해야 한다. 남자가 'fog lights
		(안개등)'에 대해 언급함을 통해 안개가 낀 날씨라는 것을 유추
		할 수 있으므로 (A)가 정답이다.

Words and Phrases weather 날씨 | road 도로 | drive 운전하다
		| turn on 켜다 | fog light 안개등

3.	Boy: How much is this shirt?
	Girl: It's 5 dollars 30 cents.

Q. How much is the shirt?

정답 (B)

해석 소년: 이 티셔츠 얼마야?
		소녀: 이건 5달러 30센트야.

Q. 셔츠 가격이 얼마인가?

풀이 질문은 "How much is the shirt?"로 셔츠 가격을 묻고 있다. 소녀가 $5.30이라고 하였으므로 (B)가 정답이다.

Words and Phrases shirt 셔츠

4. Boy: It's very hot here. What's the weather like in your city?
   Girl: There's a strong wind outside.

Q. What's the weather like in the girl's city?

정답 (B)

해석 소년: 여기 엄청 더워. 네 도시 날씨는 어때?
   소녀: 밖에 강풍이 불어.

Q. 소녀가 사는 도시의 날씨는 어떠한가?

풀이 질문은 "What's the weather like in the girl's city?"로 소녀가 사는 도시의 날씨를 묻고 있다. 4개의 그림은 각자 다른 날씨 상황을 나타내고 있으므로 대화를 들으면서 날씨를 표현하는 단어를 듣고 기억해야 한다. 소녀가 "There's a strong wind outside."라고 하며 강한 바람에 대해 언급하였으므로 정답은 (B)이다.

Words and Phrases weather 날씨 | city 도시 | outside 밖에

Part C-2. Listen and Retell

🕐 유형 1–What/Why 의문문 (p.104)

Step 3. Practice Test

1. Girl: My phone is not working.
   Boy: What about going to the after-sales service center?

Q. What is the problem?
   (A) The service there is bad.
   (B) The girl's phone is not working.
   (C) The boy's computer broke down.
   (D) The after-sales service center is too far.

정답 (B)

해석 소녀: 내 휴대폰이 작동을 안해.
   소년: AS 서비스 센터에 가는 건 어때?

Q. 무엇이 문제인가?

(A) 그곳의 서비스는 나쁘다.
(B) 소녀의 휴대폰이 작동하지 않는다.
(C) 소년의 컴퓨터가 고장났다.
(D) AS 서비스센터가 너무 멀다.

풀이 질문은 "What is the problem?"으로 상대방에게 어떠한 문제가 생겼는지 묻고 있다. 소녀가 "My phone is not working." 이라고 하며 자신의 휴대폰이 고장났음을 말하고 있으므로 (B)가 정답이다.

Words and Phrases phone 전화기 | work 작동하다 | after-sales service 애프터 서비스 | service 서비스 | break down 고장나다 | far 멀다

2. Boy: My dream is to write a best-selling book.
   Girl: You can do that!

Q. What does the boy want to do?
   (A) keep a diary
   (B) buy a dream car
   (C) sell some products
   (D) write a best-selling book

정답 (D)

해석 소년: 내 꿈은 베스트 셀러를 쓰는 거야.
   소녀: 넌 할 수 있어!

Q. 소년은 무엇을 하고 싶은가?

(A) 일기 쓰기
(B) 드림카 구매하기
(C) 물품 판매하기
(D) 베스트셀러 책 쓰기

풀이 질문은 "What does the boy want to do?"로 소년이 무엇을 하고 싶어하는지 묻고있다. 소년이 "My dream is writing a best-selling book."이라고 하며 베스트셀러 작품을 쓰는 것이 꿈이라고 한다. 따라서 (D)가 정답이다. 'bestseller'는 '가장 많이 팔린 책'을 의미하며 'best-selling book'으로 바꾸어 표현하였다.

Words and Phrases dream 꿈 | bestseller 베스트셀러 | keep a diary 일기를 쓰다 | buy 사다 | sell 팔다 | product 제품 | best-selling 가장 많이 팔리는 |

3. Girl: My head is pounding.

   Boy: I think you should go to the pharmacy.

Q. Why should she go to the pharmacy?

   (A) She has a headache.

   (B) She ate spoiled food.

   (C) She sprained her ankle.

   (D) She is suffering from back pain.

정답 (A)

해석 소녀: 내 머리가 지끈거려.

   소년: 내 생각에는 너 약국에 가야할 것 같아.

Q. 왜 소녀는 약국에 가야하는가?

   (A) 그녀는 두통이 있다.

   (B) 그녀는 상한 음식을 먹었다.

   (C) 그녀는 발목을 삐었다.

   (D) 그녀는 요통으로 고통받고 있다.

풀이 질문은 소녀가 왜 약국에 가야하는지 묻고 있으며 답변으로 증상에 대해 설명할 것을 예측 할 수 있다. 소녀는 "My head is pounding."이라고 하며 머리가 지끈거리는 두통이 있다고 한다. 따라서 (A)가 정답이다.

Words and Phrases head 머리 | pounding (머리가)지끈거림, (가슴이)쿵쾅거림 | pharmacy 약국 | headache 두통 | spoiled food 상한 음식 | sprain 삐다 | ankle 발목 | suffer 고통받다 | pain 통증 | back pain 요통/허리통증

4. Boy: Our aunt is visiting tomorrow!

   Girl: Yes, I can't wait to see her!

Q. Why are they excited?

(A) They met a close friend.

(B) They saw a cute animal.

(C) They found an ant's nest.

(D) They can meet their aunt.

정답 (D)

해석 소년: 내일 우리 이모 오신대!

   소녀: 맞아, 그녀가 너무 보고 싶어 못 참겠어!

Q. 그들은 왜 신이 났는가?

   (A) 그들은 친한 친구를 만났다.

   (B) 그들은 귀여운 동물을 보았다.

   (C) 그들은 개미집을 찾았다.

   (D) 그들은 이모를 만날 수 있다.

풀이 질문은 "Why are they excited?"로 두 사람이 신이 난 이유를 찾아야 한다. "Our aunt is visiting tomorrow!"를 통해 그들의 이모가 그들의 집을 방문한다는 사실을 알 수 있다. 또한 "I can't wait to see her!"을 통해 이모가 오시는 것에 대해 기대하고 있음을 알 수 있으므로 (D)가 정답이다. (C)의 'ant(개미)'와 'aunt(이모)'는 발음이 비슷하므로 문맥을 잘 파악해야한다.

Words and Phrases aunt 이모 | visit 방문하다 | tomorrow 내일 | excited 신이 난, 흥분된 | close 가까운 | cute 귀여운 | animal 동물 | ant 개미 | nest 둥지 | meet 만나다

유형 2-Where/When 의문문 (p.110)

Step 3. Practice Test

1. W: How many stamps do you need to buy?

   Boy: Five 30-cent stamps, please.

Q. Where are they?

   (A) a bank

   (B) a hospital

   (C) a post office

   (D) a police station

정답 (C)

해석 여자: 너 우표 몇 개 사야해?

   소년: 30 센트짜리 우표 5개 주세요.

Q. 그들은 어디에 있는가?

   (A) 은행

   (B) 병원

   (C) 우체국

   (D) 경찰서

풀이 질문은 "Where are they?"로 대화가 이루어지는 장소를 파악하는 문제이다. 여자가 'stamp(우표)'를 판매하는것으로 보아 우체국 직원임을 알 수 있다. 따라서 그들이 있는 장소는 우체국이므로 (C)가 정답이다.

Words and Phrases need 필요하다 | stamp 우표, 도장 |
bank 은행 | hospital 병원 | post office
우체국 | police station 경찰서

2. Boy: A new bookstore opened yesterday.
Girl: Really? What about meeting there tomorrow?

Q. Where does she want to meet?
(A) a library
(B) a school
(C) a bookstore
(D) a playground

정답 (C)

해석 소년: 어제 새로운 서점이 문 열었어.
소녀: 정말? 우리 내일 거기에서 만나는 건 어때?

Q. 그녀는 어디에서 만나길 원하는가?

(A) 도서관
(B) 학교
(C) 서점
(D) 놀이터

풀이 질문은 "Where does she want to meet?"으로 소녀가
만나고 싶어하는 장소를 묻고있다. 대화 속 소녀는 "What
about meeting there tomorrow?"라고 하며 소년이 언급한
장소에서 만나자고 말하고 있다. "there(그곳에서)"은 소년이
말한 "a new bookstore(새로 개업한 서점)"이며 소녀는
서점에서 만나길 원하고 있다. 따라서 (C)가 정답이다.

Words and Phrases new 새로운 | bookstore 서점 | open
개업하다, 열다 | yesterday 어제 | meet
만나다 | tomorrow 내일 | library 도서관
| school 학교 | playground 놀이터

3. Girl: What time should I checkout?
M: Tomorrow at 11 AM

Q. When is the checkout time?
(A) 10 AM
(B) 11 AM
(C) 12 PM
(D) 1 PM

정답 (B)

해석 소녀: 몇 시까지 퇴실해야 하나요?
남자: 내일 오전 11시까지입니다.

Q. 퇴실 시간은 언제인가?

(A) 오전 10시
(B) 오전 11시
(C) 오후 12시
(D) 오후 1시

풀이 질문은 "When is the checkout time?"으로 체크아웃
[퇴실]시간을 물어보고 있으며 정확한 시간을 듣는 것이
중요하다. 남자가 "Tomorrow at 11 AM."라고 하고 있으므로
(B)가 정답이다.

Words and Phrases checkout time 체크아웃 시간

4. Boy: This summer vacation is too short.
Girl: I agree. I can't believe it's just June to August.

Q. When does summer vacation end?
(A) in May
(B) in June
(C) in July
(D) in August

정답 (D)

해석 소년: 이번 여름방학은 너무 짧아.
소녀: 동의해. 겨우 6월에서 8월까지라는게 믿겨지지 않아.

Q. 여름방학은 언제 끝나는가?

(A) 5월에
(B) 6월에
(C) 7월에
(D) 8월에

풀이 질문은 "When does the summer vacation end?"로
여름방학이 끝나는 시기를 물어보고 있다. 여름방학 기간을
파악해야 하며 달(month) 명칭을 알고 적용하는 것이
중요하다. 소녀가 "It's just June to August."라고 하며
8월에 끝남을 알리고 있다. 따라서 (D)가 정답이다.

Words and Phrases vacation 방학

Step 3. Practice Test

1. Girl: How long did it take to read the book?

Boy: Three weeks. It was really hard to understand.

Q. How long did it take the boy to read the book?

(A) 3 days

(B) 5 days

(C) 3 weeks

(D) 5 weeks

정답 (C)

해석 소녀: 책 읽는데 얼마나 오래 걸렸어?.

소년: 3주. 이해하는데 너무 어려웠어.

Q. 소년은 책 읽는데 얼마나 걸렸는가?

(A) 3일

(B) 5일

(C) 3주

(D) 5주

풀이 질문은 "How long did it take the boy to read the book?"으로 소년이 책을 완독하는데 걸린 시간에 대해 물어보고있다. 소년이 'Three weeks'가 걸렸다고 말하고 있으므로 (C)가 정답이다.

Words and Phrases hard 어려운 | understand 이해하다 | read 읽다

2. Boy: I like your pencil! How much is it?

Girl: These are 2 dollars each. I bought 3.

Q. How much is a pencil?

(A) $2

(B) $3

(C) $5

(D) $6

정답 (A)

해석 소년: 나 네 연필 마음에 들어! 얼마야?

소녀: 각각 2달러야. 나 세 개 샀어..

Q. 연필은 얼마인가?

(A) $ 2

(B) $ 3

(C) $ 5

(D) $ 6

풀이 질문은 "How much is the pencil?"로 연필의 가격을 물어보고 있다. 또한 소녀의 답변 "These are 2 dollars each."를 통해 연필이 한 자루 당 2달러임을 알 수 있다. 따라서 (A)가 정답이다.

Words and Phrases pencil 연필 | each 각각 | buy 구매하다

3. Girl: Mason, did you hear that Emily will marry Liam?

Boy: Yes, I was surprised to hear that.

Q. Who will marry Liam?

(A) Liam

(B) Emily

(C) Mason

(D) Nobody

정답 (B)

해석 소녀: Mason, 너 Emily가 Liam과 결혼한다는 거 들었어?

소년: 응, 듣고 놀랐어.

Q. 누가 Liam과 결혼할 것인가?

(A) Liam

(B) Emily

(C) Mason

(D) 아무도 (아니다)

풀이 질문은 "Who will marry Liam?"으로 Liam과 결혼하는 사람이 누구인지 묻고있다. 소녀가 "Did you hear that Emily will marry Liam?"로 말한 것으로 보아 Liam과 결혼 할 사람이 Emily라는 것을 알 수 있다. 따라서 (B)가 정답이다.

Words and Phrases marry 결혼하다 | surprised 놀란 | hear 듣다

4. Boy: Mia, have you heard of Jacob? His music is wonderful!

Girl: Sure. Actually, I'm a big fan of him.

Q. Who probably is Jacob?

    (A) Mia's fan

    (B) Mia's father

    (C) Mia's close friend

    (D) Mia's favorite musician

정답 (D)

해석 소년: Mia, 너 Jacob에 대해 들었어? 그의 음악은 놀라워!

    소녀: 당연하지, 사실 나는 그의 팬이야.

    질문: Jacob은 누구인가?

    (A) Mia의 팬

    (B) Mia의 아버지

    (C) Mia의 친한 친구

    (D) Mia가 가장 좋아하는 음악가

풀이 질문은 "Who probably is Jacob?"로 Jacob이 어떤 사람인지 물어보고 있다. "Mia, Have you heard of Jacob? His music is wonderful!"을 통해 Jacob이 음악가임을 알 수 있으며 Mia의 대답 "I'm a big fan of him."을 통해 Mia가 그를 좋아한다는 사실도 알 수 있다. 따라서 (D)가 정답이다.

Words and Phrases music 음악 | wonderful 훌륭한, 놀라운 | actually 사실 | fan 팬 | probably 아마도 | favorite 가장 좋아하는

Part C-3. Listen and Retell

🕐 유형 1-이야기/우화 (p.126)

Step 3. Practice Test

1. Girl: There was a big mountain. The chief of a deer town said that on the top of the mountain was a wonderful treasure. However, no deer dared to climb the mountain because it seemed too high and rough. One day, a young deer decided to go to the top. He finally reached it, but there was nothing. He realized that the real treasure was his passion and effort that no deer had.

Q1. What would be the best title for the story?

    (A) An Old Wise Deer

    (B) The Real Treasure

    (C) A Big Rough Mountain

    (D) How to Climb a Mountain

Q2. According to the passage, what is on the top of the mountain?

    (A) nothing

    (B) a jewelry box

    (C) delicious food

    (D) a treasure map

정답 (B), (A)

해석 소녀: 큰 산이 있었다. 사슴 마을의 마을장은 산꼭대기에 아름다운 보물이 있다고 했다. 하지만 산이 너무 높고 험했기 때문에 어떤 사슴도 산에 오르는 것을 감히 도전하지 않았다. 어느 날, 한 어린 사슴은 정상에 오르는 것을 도전하기로 결정했다. 그가 마침내 그곳에 도달했지만 아무것도 없었다. 그는 진정한 보물은 다른 사슴에게는 없는 그의 열정과 노력임을 깨달았다.

Q1. 이야기에 가장 알맞는 제목은 무엇인가?

    (A) 늙고 지혜로운 사슴

    (B) 진정한 보물

    (C) 크고 험한 산

    (D) 산을 오르는 방법

Q2. 본문에 의하면, 산 정상에는 무엇이 있는가?

    (A) 아무것도

    (B) 보물 상자

    (C) 맛있는 음식

    (D) 보물 지도

풀이 Q1. 질문은 "What would be the best title for the story?"로 본문의 내용을 이해하고 요약할 수 있는지 묻고 있다. 사슴이 큰 산을 올랐고, 그의 열정과 노력이 진정한 보물임을 깨닫는 여정을 담은 이야기로 (B)가 정답이다.

Q2. 질문은 "According to the passage, what is on the top of the mountain?"로 산 정상에 무엇이 있었는지 묻고있다. 본문에서 "He finally reached there, but there was nothing.(그가 마침내 그곳에 도달했지만 아무것도 없었다.)"를 통해 아무것도 없음을 알 수 있으므로 (A)가 정답이다.

Words and Phrases mountain 산 | chief 우두머리 | top of the mountain 산 정상 | dare to 감히 ~하다 | high 높은 | rough 거친 | finally 마침내 | reach 도달하다 | real 진정한 | treasure 보물 | passion 열정 |

2. Boy: Olivia had a close friend, Sophia. They did almost everything together. They read books, did homework, played badminton and listened to music together. But one day, they had a quarrel. From then on, they were not together anymore. However, once Olivia put herself in Sophia's shoes, she understood why Sophia was angry. Olivia went to Sophia and she made up with her.

Q1. Which is NOT mentioned about what Olivia and Sophia did together?

(A) They read books.

(B) They did homework.

(C) They listened to music.

(D) They played basketball.

Q2. How did Olivia understand why Sophia was angry?

(A) Sophia gave Olivia a letter.

(B) Olivia imagined she was Sophia.

(C) Sophia told her about why she was angry.

(D) Olivia heard the reason from another friend.

정답 (D), (B)

해석 소년: Olivia는 친한 친구 Sophia가 있었다. 그들은 거의 모든 것을 함께했다. 그들은 같이 책을 읽고 숙제를 하고 배드민턴을 치고 음악을 들었다. 하지만 어느 날, 그들은 말다툼을 했다. 그때 이후로 그들은 같이 함께 하지 않았다. 하지만 Olivia가 Sophia의 입장이 되어 생각해 보았고 왜 Sophia가 화가 났는지 이해했다. Olivia는 Sophia에게 갔고 그녀와 화해했다.

Q1. Olivia와 Sophia가 같이 한 것으로 언급되지 않은 것은?

(A) 그들은 책을 읽었다.

(B) 그들은 숙제를 했다.

(C) 그들은 음악을 들었다.

(D) 그들은 농구를 했다.

Q2. Olivia는 Sophia가 화난 이유를 어떻게 이해했는가?

(A) Sophia가 Olivia에게 편지를 썼다.

(B) Olivia는 Sophia의 입장을 상상했다.

(C) Sophia는 그녀가 왜 화가 났는지 이야기 했다.

(D) Olivia는 다른 친구에게 이유를 들었다.

풀이 Q1. 질문은 "Which is NOT mentioned about what Olivia and Sophia did together?"으로 언급되지 않았거나 틀린 내용을 찾는 문제이다. "They read books, did homework, played badminton and listened to music together."를 통해 같이 책을 읽고, 숙제를 같이 하고, 음악을 들었음을 알 수 있다. 그리고 그들은 'basketball'이 아닌 'badminton'을 했으므로 (D)가 정답이다.

Q2. 질문은 "How did Olivia understand why Sophia was angry?"로 Olivia가 Sophia를 이해하게 된 방법을 찾아야 한다. "However, once Olivia put herself in Sophia's shoes, she understood why Sophia was angry."를 통해 Olivia가 Sophia를 이해하기 위해 상대방의 입장에서 생각했음을 알 수 있다. 따라서 (B)가 정답이다. 'Put oneself in someone's shoes'는 '~의 입장이 되어 생각해 보다'라는 표현임을 알아두자.

Words and Phrases close 친한, 가까운 | homework 숙제 | badminton 배드민턴 | quarrel 말다툼, 불화 | put oneself in someone's shoes 남의 입장이 되어 생각하다 | make up with 화해하다

🕐 유형 2-일기/일상문 (p.134)

Step 3. Practice Test

1. Girl: My computer became too slow, so my father and I went to Amazing Electronics Market. It is one of the largest markets selling electronics. We spent 2 hours looking for the best computer and we bought one. It cost 2,000 dollars. We brought it home and turned it on. My new computer was incredibly fast!

Q1. Why did the girl buy a new computer?

(A) Her computer was too old.

(B) Her computer was too slow.

(C) She wanted a more expensive one.

(D) She wanted to show off her computer.

Q2. How long did the girl spend looking for the new computer?

(A) 1 hour

(B) 2 hours

(C) 3 hours

(D) 4 hours

정답 (B), (B)

해석 소녀: 내 컴퓨터는 너무 느려서 내 아버지와 나는 Amazing Electronics Market에 갔다. 그 곳은 전자제품을 파는 가장 큰 마트중 하나이다. 우리는 최고의 컴퓨터를 찾는데 2시간이 걸렸고 하나를 샀다. 그것은 2000달러 였다. 우리는 그것을 집에 와서 켜보았다. 내 새로운 컴퓨터는 엄청나게 빨랐다!

Q1. 소녀는 왜 새로운 컴퓨터를 샀는가?
(A) 그녀의 컴퓨터는 너무 낡았다.
(B) 그녀의 컴퓨터는 너무 느렸다.
(C) 그녀는 더 비싼 것을 원했다.
(D) 그녀는 그녀의 컴퓨터를 과시하고 싶었다.

Q2. 소녀는 새로운 컴퓨터를 찾는데 얼마나 오랜 시간을 소비했는가?
(A) 1시간
(B) 2시간
(C) 3시간
(D) 4시간

풀이 Q1. 질문은 "Why did the girl buy a new computer?"으로 소녀가 새로운 컴퓨터를 왜 사게 되었는지 이유를 묻고있다. "My computer became too slow(내 컴퓨터는 너무 느려졌다)" 를 통해 (B)가 정답임을 알 수 있다.

Q2. 질문은 "How long did the girl spend looking for the new computer?"으로 새로 구매한 컴퓨터를 찾는데 걸린 시간을 묻고있다. 본문에서 소녀가 'We spent 2 hours '라고 언급했으므로 (B)가 정답이다.

Words and Phrases electronics 전자 장치 | look for 찾다 | cost 값, 값이 들다 | turn on 전원을 켜다 | incredibly 믿을 수 없을 정도로 | expensive 비싼 | show off 과시하다 | spend 소모하다 | look for 찾다 | hour 시간

2. Boy: I love to watch the river that flows in my town. Today, as usual, I stopped by the river after school. There, I happened to see my old friend, Mia. I remembered she had promised to come back and wait for me on this beautiful river. Sitting on the grass near the shining river, we gazed at the water flowing quietly.

Q1. What does the boy love to watch?
(A) movies
(B) the river
(C) the mountain
(D) baseball game

Q2. Who is Mia?
(A) His sister
(B) His friend
(C) His mother
(D) His teacher

정답 (B), (B)

해석 소년: 나는 우리 동네에 흐르는 강을 보는 것을 좋아한다. 오늘, 평소처럼 ,학교가 끝나고 강에 들렀다. 거기에서, 나의 오랜 친구 Mia를 우연히 보게 되었다. 나는 그녀가 다시 돌아와서 이 아름다운 강에서 나를 기다리겠다고 약속했다는 것을 기억했다. 우리는 빛나는 강 근처 잔디에 앉아 물이 조용히 흐르는 것을 응시했다.

Q1. 소년은 무엇을 보는 것을 좋아하는가?
(A) 영화
(B) 강
(C) 산
(D) 야구경기

Q2. Mia는 누구인가?
(A) 그의 누이
(B) 그의 친구
(C) 그의 엄마
(D) 그의 선생님

풀이 Q1. 질문은 "What does the boy love to watch?"으로 소년이 무엇을 보는 것을 좋아하는지 묻고있다. 본문의 첫 문장 "I love to watch the river that flows in my town. (나는 내 동네에 있는 강 흐르는 것을 보는 것을 좋아한다.)"을 통해 강을 바라보는 것을 좋아한다는 사실을 알 수 있으므로 (B)가 정답이다.

Q2. 질문은 "Who is Mia?"로 Mia가 어떤 사람인지 묻고있다. 소년이 평소처럼 방과후에 강에 갔을 때 "I happened to see my old friend, Mia.(내 오랜 친구 Mia를 우연히 보게 되었다.)"로 말한 것으로 보아 Mia는 소년의 친구임을 알 수 있다. 따라서 정답은 (B)이다.

Words and Phrases watch 보다 | river 강 | town 동네, 마을 | flowing 흐르는 | as usual 평소처럼 | stop by 들르다 | happen to 우연히 ~하다 | promise 약속하다 | wait 기다리다 | beautiful 아름다운 | grass 풀 | shining 빛나는 | gaze at 응시하다 | quietly 조용히 | watch 보다 | movie 영화 | river 강 | mountain 산 | baseball game 야구 | friend 친구 | teacher 선생님

⏱ **유형 3-묘사문 (p.142)**

Step 3. Practice Test

1. Girl: How can we cook pasta at home? First, boil water in a large pot. Second, when it boils, add salt and noodles to water. Third, set a timer for 7 minutes to cook the noodles. Remember that you should keep stirring the noodles so they don't stick together! Finally, heat the noodles and tomato sauce in a pan.

    Q1. What is the recipe for?
    (A) tomato pasta
    (B) creamy pasta
    (C) olive oil pasta
    (D) chicken pasta

    Q2. Which is NOT in the recipe?
    (A) stirring the noodles
    (B) adding sugar to sauce
    (C) heating pasta and sauce
    (D) putting water up to boil

정답 (A), (B)

해석 소녀: 집에서 파스타를 어떻게 요리할 수 있을까? 첫째, 큰 냄비에 물을 끓인다. 둘째, 물이 끓으면 소금과 면을 물에 추가한다. 셋째, 면을 요리하기위해 타이머를 7분으로 맞춘다. 면이 서로 붙는 것을 방지하기 위해 계속 저어야 하는 것을 기억하자! 마지막으로, 면과 토마토 소스를 후라이팬에 데운다.

Q1. 무엇을 만들기 위한 요리법인가?
(A) 토마토 파스타
(B) 크림 파스타
(C) 올리브오일 파스타
(D) 닭고기 파스타

Q2. 요리법에 없는 것은?
(A) 면 저어주기
(B) 소스에 설탕 추가하기
(C) 소스와 파스타 데우기
(D) 물 끓이기.

풀이 Q1. 질문은 "What is the recipe for?"으로 본문에 소개된 요리법이 무엇을 요리하는지 묻고있다. 본문 마지막 줄 'heat the noodles with tomato sauce on a pan.(면과 토마토 소스를 후라이팬에 데운다.)'를 통해 토마토 파스타를 만드는 요리법임을 알 수 있다. 따라서 정답은 (A)이다.
Q2. 질문은 "Which is NOT in the recipe?"로 요리법에서 언급되지 않거나 틀린 내용을 찾아야 한다. 물 끓이기, 면이 서로 달라붙지 않도록 계속 저어주기, 후라이팬에 소스를 데우기 모두 언급된 내용이지만 설탕이 아닌 소금을 넣어야하므로 (B)가 성답이다.

Words and Phrases cook 요리하다 | pasta 파스타 | boil 끓이다 | water 물 | pot 냄비 | salt 소금 | noodle 면 | remember 기억하다 | stir 섞다 | stick together 서로 붙다 | heat 데우다 | pan 후라이팬 | recipe 요리법 | boil 끓이다 | add 추가하다

2. M: This is our brand new refrigerator. The major change of this version is the smart window. With the smart window, you can search recipes online, listen to music, watch video clips and even make a phone call. Inside the fridge, there is a place where you can mark the day and time you put food on the shelves. This costs 2,000 dollars but if you buy it before March 20th, you can buy it for just 1,500 dollars!

    Q1. What is being advertised?
    (A) a window
    (B) a cookbook
    (C) a refrigerator
    (D) a music player

Q2. How much is the product before March 20th?

    (A) $ 1,000

    (B) $ 1,500

    (C) $ 2,000

    (D) $ 2,500

정답 (C), (B)

해석 남자: 이것은 우리의 최신 냉장고입니다. 이번 버전의 주된 변화는 스마트 창입니다. 스마트 창으로 당신은 인터넷에서 요리법을 검색할 수 있고 음악을 들을 수 있고 영상을 시청할 수 있고 전화도 할 수 있습니다. 냉장고 안에는 선반에 음식을 놓을 때의 시간과 날짜를 적을 수 있는 곳이 있습니다. 가격은 2000달러이지만 3월 20일까지 구매하시면 단지 1500달러에 구매할 수 있습니다!

Q1. 무엇을 광고하고 있는가?

    (A) 창문

    (B) 요리책

    (C) 냉장고

    (D) 음악 재생기

Q2. 3월 2일까지 제품은 얼마인가?

    (A) $ 1,000

    (B) $ 1,500

    (C) $ 2,000

    (D) $ 2,500

풀이 Q1. 질문은 "What is being advertised?"으로 어떤 제품을 광고 하고 있는지 파악해야 한다. "This is our brand new refrigerator. (이것은 우리의 최신 냉장고입니다.)"를 통해 냉장고를 광고하고 있음을 알 수 있으므로 (C)가 정답이다.
Q2. 질문은 "How much is the product before March 20th?"으로 3월 20일 이전의 가격을 파악해야 한다. 광고 내용 중 "This costs 2,000 dollars but if you buy this before March 20th, you can buy it for just 1,500 dollars!" 정가는 2,000달러이지만 3월 20일까지는 1500달러이므로 (B)가 정답이다.

Words and Phrases brand new 최신의, 갓 나온 | major 주된 | refrigerator 냉장고 | search 검색하다 | recipe 요리법 | listen 듣다 | inside ~안에 | mark 표시하다 | shelf 선반 | window 창문 | cookbook 요리책 | product 제품

⏱ 유형 4-공고문 (p.150)

Step 3. Practice Test

1. M: Good afternoon ladies and gentlemen. We would like to welcome you on board Happy Airlines flight 110. Our flight will take off in 5 minutes. Please put on your seatbelt and turn off electric devices. Do not smoke during the flight. Dinner will be served at 7 PM and today's menu is beef steak. We wish you a happy flight. Thank you.

Q1. Where is the announcement being given?

    (A) on a bus

    (B) on a train

    (C) on a plane

    (D) in a restaurant

Q2. What is NOT true about the announcement?

    (A) Smoking is allowed.

    (B) Dinner is beef steak.

    (C) Electric devices should be turned off.

    (D) The announcement is given in the afternoon.

정답 (C), (A)

해석 남자: 신사숙녀 여러분 안녕하세요. 저희 Happy 항공 110편에 탑승하신 여러분들을 환영합니다. 우리 비행기는 5분후에 이륙할 것입니다. 안전벨트를 매주시고 전자기기는 꺼주시기 바랍니다. 비행중에는 금연입니다. 저녁은 오후 7시에 제공할 것이며 오늘의 메뉴는 쇠고기 스테이크 입니다. 행복한 비행 되시길 바랍니다. 감사합니다.

Q1. 어디에서 안내 받고 있는가?

    (A) 버스에서

    (B) 기차에서

    (C) 비행기에서

    (D) 레스토랑에서

Q2. 공지에 대해 맞지 않는 내용은?

    (A) 흡연은 허용된다.

    (B) 저녁은 소고기스테이크이다.

    (C) 전자기기는 전원을 꺼야 한다.

    (D) 공지는 오후에 전해지고 있다.

풀이 Q1. 질문은 "Where is the announcement being given?"으로 어느 장소에서 공지를 하고 있는지 배경을 파악하는 것이 중요하다. "We would like to welcome you on board Happy Airlines flight 110.(저희 Happy 항공 110편에 탑승하신 여러분들을 환영합니다.)"를 통해 항공기 기내 안내방송이라는 것을 알 수 있다. 따라서 (C)가 정답이다.

Q2. 질문은 "What is NOT true about the announcement?"로 언급되지 않거나 틀린 내용을 찾는 문제이다. 안내사항에서 "Do not smoke during the flight. (비행 중에는 금연입니다)"이라고 하기 때문에 (A)가 정답이다.

Words and Phrases airline 항공사 | take off 이륙하다 | turn off 전원을 끄다 | electric device 전자기기 | smoke 흡연하다 | dinner 저녁식사 | announcement 공지 | train 기차 | plane 비행기 | restaurant 레스토랑 | smoking 흡연 | afternoon 오후

2. W: Announcement! Please pay attention. National Weather Service is warning that a big tornado has suddenly changed its direction to our city. It will arrive here in 5 hours. So we decided to cancel today's baseball game. The tickets will be refunded at the front desk. The next game is held on Tuesday at 4 PM. We hope you all stay safe tonight.

Q1. Why is the game cancelled?
(A) It snowed a lot.
(B) A tornado is coming.
(C) The weather is too hot.
(D) Players had a car accident.

Q2. When is the next baseball game?
(A) Monday at 4 PM
(B) Tuesday at 4 PM
(C) Wednesday at 4 PM
(D) Thursday at 4 PM

정답 (B), (B)

해석 여: 공지합니다! 주목해주시기 바랍니다. 국립기상국에서 큰 토네이도가 갑자기 우리 도시로 방향을 틀었다는 주의보를 발령했습니다. 5시간내로 이곳에 도착할 예정입니다. 그래서 저희는 오늘의 야구경기를 취소하기로 결정하였습니다. 표는 안내 데스크에서 환불받을 수 있습니다. 다음 경기는 화요일 오후 4시에 열릴 예정입니다. 오늘밤 모두 안전하시길 바랍니다.

Q1. 경기가 왜 취소 되었는가?
(A) 눈이 많이 왔다.
(B) 토네이도가 오고 있다.
(C) 날씨가 너무 덥다.
(D) 선수들이 교통사고를 당했다.

Q2. 다음 야구경기는 언제인가?
(A) 월요일 오후 4시
(B) 화요일 오후 4시
(C) 수요일 오후 4시
(D) 목요일 오후 4시

풀이 Q1. 질문은 "Why is the game cancelled?"으로 경기가 취소가 된 이유를 묻고있다 공지사항 내용 중 "National Weather Service is warning that a big tornado suddenly has changed its direction to our city. (중략) So we decided to cancel today's baseball game."으로 토네이도가 오고 있기 때문에 경기가 취소 되었음을 알 수 있다. 따라서 (B)가 정답이다.

Q2. 질문은 "When is the next baseball game?"으로 다음으로 연기된 경기 예정일을 묻고있다. "The next game is held on Tuesday at 4 PM.(다음 경기는 화요일 오후 4시에 열릴 예정입니다.)"라고 공지 하였으므로 (B)가 정답이다.

Words and Phrases announcement 공지 | warning 경고, 주의보 | tornado 토네이도 | direction 방향 | city 도시 | arrive 도착하다 | decide 결정하다 | ticket 표 | refund 환불하다 | safe 안전한 | cancel 취소하다 | snow 눈이오다 | weather 날씨 | player 선수

Part D. Listen and Speak

⏱ 유형 1-상황에 맞는 응답 찾기 (p.160)

Step 3. Practice Test

1. Girl: You look very angry. What's up?

   Boy: My brother tore my book again. He tore it
   apart!

   Girl: Again? He keeps doing that.

   (A) Do you need my help?

   (B) Is that your new book?

   (C) Did you do it by yourself?

   (D) Can I borrow your book again?

정답 (D)

해석 소녀: 너 화나 보여. 무슨 일이야?

   소년: 내 동생이 또 내 책을 찢었어. 완전히 갈기갈기 찢었어.

   소녀: 또? 걔 계속 그러네

   (A) 내 도움이 필요해?

   (B) 그거 네 새책이야?

   (C) 너가 스스로 한거니?

   (D) 네 책 좀 다시 빌려도 될까?

풀이 소년은 동생이 책을 찢었기 때문에 화가 난 상태이다. 소녀가
   그에 대해 "Again? He keeps doing that. (또? 걔 계속
   그러네)" 라고 답하며 유감을 표한다. 이에 대해 가장 적절한
   답변은 "Can I borrow your book again?(네 책 다시 빌릴
   수 있을까?)"이므로 (D)가 정답이다.

Words and Phrases angry 화난 | tear 찢다 | book 책 |
   apart 조각조각, 산산이 | again 다시, 또 |
   borrow 빌리다

2. Boy: Have you ever been to Bali?

   Girl: Yes, it has really beautiful scenery.

   Boy: I'm going to travel there.

   (A) You won't regret it.

   (B) The story is very interesting.

   (C) The product is too expensive.

   (D) You will be a big fan of the team.

정답 (A)

해석 소년: 너 발리에 가본적 있어?

   소녀: 응 풍경이 너무 예뻐.

   소년: 나 거기 여행가.

   (A) 너 절대 후회 안할 걸.

   (B) 이야기가 재미있네.

   (C) 제품이 너무 비싸.

   (D) 너는 그 팀의 열성팬이 될거야.

풀이 대화의 주제는 'Bali (발리여행)'로써 소녀는 이미 발리 여행을
   해본 적이 있고 소년은 "I'm going to travel there.(나 거기
   여행가)"라고 하여 이번에 처음 여행을 가본다는 것을 알 수 있다.
   따라서 처음 발리여행을 가는 소년에게 소녀가 할 수 있는
   적절한 답은 "You won't regret it. (너 후회 안할 걸)"이므로
   (A)가 정답이다.

Words and Phrases scenery 풍경 | travel 여행하다 | regret
   후회하다 | interesting 재미있는 |
   expensive 비싼

3. Girl: Dad, I'm hungry now.

   M: Why don't we eat some sandwiches?

   Girl: Good! I love them!

   (A) What do you want to become?

   (B) Why do you like playing the piano?

   (C) Why didn't you do your homework?

   (D) What kind of sandwich do you want?

정답 (D)

해석 소녀: 아빠 저 지금 배고파요.

   남자: 우리 샌드위치 먹을까?

   소녀: 좋아요! 저 샌드위치 좋아해요!

   (A) 너는 뭐가 되고 싶니?

   (B) 너는 피아노 치는 것을 왜 좋아하니?

   (C) 너 왜 숙제 안했니?

   (D) 어떤 샌드위치를 원하니?

풀이 샌드위치 먹는게 어떤지 제안하는 아빠에게 딸은 좋다고
   대답하였다. 아빠의 답변으로는 "What kind of sandwich
   do you want?(어떤 샌드위치 먹을래?)"가 적절하므로
   (D)가 정답이다.

Words and Phrases hungry 배가 고픈 | sandwich 샌드위치
   | homework 숙제

4. Boy: Did you see the new professor?

   Girl: Yes, he seems a little strict.

   Boy: I agree. But his lecture is so impressive.

   (A) I don't think that he is strict.

   (B) Really? But our school looks too old.

   (C) I heard a new teacher will come next week.

   (D) Really? I'm looking forward to taking his lecture.

정답 (D)

해석 소년: 너 새로운 교수님 봤어?

   소녀: 응, 근데 조금 엄격해 보여.

   소년: 맞아, 근데 그의 강의는 대단해.

   (A) 내 생각에는 그가 엄격하지 않은 것 같아.

   (B) 정말로? 근데 우리 학교는 너무 오래되어 보여.

   (C) 새로운 선생님이 다음 주에 오신다고 들었어.

   (D) 정말? 나는 그의 수업 듣는 것을 기대하고 있어.

풀이 새로 오신 교수님이 엄격하지만 강의가 좋다는 소년의 말에 가장 적절한 대답은 "Really? I'm looking forward to taking his lecture."이므로 (D)가 정답이다.

Words and Phrases professor 교수님 | strict 엄격한 | lecture 강의 | impressive 인상적인 |

⏱ **유형 2-마지막 질문에 알맞은 응답 찾기 (p.166)**

Step 3. Practice Test

1. M: How can I help you today?

   Girl: I would like to mail this to China.

   M: How do you want to send it?

   (A) I will send it myself.

   (B) I need to arrive at two.

   (C) I want to send it by air.

   (D) I received it yesterday.

정답 (C)

해석 남: 무엇을 도와드릴까요?

   소녀: 이것을 중국으로 우편물을 보내고 싶어요.

   남: 어떻게 배송해 드릴까요?

   (A) 제가 스스로 배송할게요.

   (B) 저는 2시까지 도착해야 해요.

   (C) 항공으로 보내고 싶어요.

   (D) 저는 그것을 어제 받았어요.

풀이 대화의 배경은 우체국으로 남자는 우체국 직원, 소녀는 우편을 보내려는 손님임을 알 수 있다. "How do you want to send it?(어떻게 배송해 드릴까요?)"이라고 하며 배송 방법을 묻고 있으며 'by air(항공편으로)'라고 답했기 때문에 (C)가 정답이다.

Words and Phrases send 보내다 | mail 우편물을 보내다

2. Girl: You look a bit down.

   Boy: I failed the job interview.

   Girl: Why did you fail?

   (A) I was looking for you.

   (B) I want to be a famous writer.

   (C) I was too nervous to say anything.

   (D) I should prepare for my job interview.

정답 (C)

해석 소녀: 너 우울해 보여.

   소년: 나 면접 떨어졌어.

   소녀: 왜 떨어졌어?

   (A) 나는 너를 찾고 있었어.

   (B) 나는 유명한 작가가 되고 싶어.

   (C) 나는 너무 떨려서 아무말도 못했어.

   (D) 나는 면접을 준비해야해.

풀이 소년에게 소녀는 "Why did you fail?"이라고 하며 면접에서 떨어진 이유를 묻고 있으므로 소년은 면접에서 어떤 실수를 했는지 대답을 할 것으로 예상할 수 있다. 따라서 "I was too nervous to say anything.(나는 너무 떨려서 아무말도 못했어.)"가 적절한 답변으로 (C)가 정답이다.

Words and Phrases job interview 면접 | fail 떨어지다, 낙제하다 | famous 유명한 | prepare 준비하다 |

3. Boy: Anything good happened?

   Girl: Yes, I finally finished this work.

   Boy: What a beautiful painting! How long did it take?

   (A) I like painting.

   (B) It's very windy today.

   (C) I work at this company.

(D) It took me about 2 weeks.

정답 (D)

해석 소년: 뭐 좋은 일 있어?

　　소녀: 응, 나 드디어 작업 끝냈어.

　　소년: 정말 멋진 그림이네! 얼마나 걸렸어?

　　(A) 나는 그림 그리는 것을 좋아해.

　　(B) 오늘 엄청 바람 불어.

　　(C) 나 이 회사에서 일해.

　　(D) 2주 정도 걸렸어.

풀이 소녀가 'painting' 작업을 마무리 했음을 이야기하는 대화로
　　소년의 마지막 질문 "What a beautiful painting! How
　　long did it take?(정말 멋진 그림이네! 얼마나 걸렸어?)"에
　　적절한 답변은 그림을 그린 기간을 포함한 대답인 (D)가
　　정답이다.

Words and Phrases happen 일어나다 | finish 끝내다 | work
　　　　　　　　작업 | beautiful 아름다운 | painting
　　　　　　　　그림, 그림 그리기 | windy 바람부는 |
　　　　　　　　company 회사

Words and Phrases problem 문제 | fever 열 | wait 기다리다
| stomachache 복통, 배아픔 |
headache 두통, 머리아픔

4.　W: Hello. What seems to be the problem?

　　Boy: I have a fever and a stomachache.

　　W: How long have you had them?

　　(A) I am 12 years old.

　　(B) I've had a headache.

　　(C) I've been waiting for two hours.

　　(D) I've had them for almost a week.

정답 (D)

해석 여: 안녕하세요. 어디가 불편하세요?

　　소년: 저는 열과 복통이 있어요.

　　여: 증상을 얼마나 오래 갖고 있었나요?

　　(A) 저는 12살이에요.

　　(B) 저는 두통이 있어요.

　　(C) 저 2시간 동안 기다렸어요.

　　(D) 그 증상들은 일주일정도 갖고 있었어요.

풀이 대화의 배경은 병원으로 대화 내용을 통해 여자는 병원 직원,
　　소년은 환자임을 유추할 수 있다. "How long have you had
　　them?(증상을 얼마나 오래 갖고 있었나요?)"이라는 질문에
　　아픈 증상들이 얼마나 되었는지에 대한 기간을 답해야 한다.
　　따라서 일주일이라는 기간을 나타낸 (D)가 정답이다.

memo

국제토셀위원회

TOSEL
유형분석집

BASIC

Section I.
Listening & Speaking